근대의 멸치,
제국의 멸치

대우휴먼사이언스 003

근대의 멸치,
제국의 멸치

멸치를 통해 본
조선의 어업 문화와
어장 약탈사

김수희 지음

아카넷

들어가는 말

어릴 적, 부엌 선반 위에는 기름이 밴 10킬로 정도의 큰 봉투가 늘 놓여 있었다. 여기에 가득 담긴 누렇게 변한 멸치를 한 줌씩 꺼내 먹곤 했다. 큰 봉투에는 오바대멸, 주바중멸, 고바소멸, 가이리세멸라는 일본어가 스탬프로 찍혀 있었는데 나중에야 이것이 멸치의 크기를 나타낸다는 것을 알게 되었다. 멸치와 만남은 이렇게 시작되었다.

어업사로 전공을 정하고 연구를 시작하면서 현장을 찾아다니기 시작했다. 강원도 고성군 명파리에서 만난 어민은 멸치를 양미리라고 하였고 서해안 부안 어민은 까나리와 실치 등을 멸치라고 하였다. 어민들은 비슷하게 생긴 작은 물고기들을 정어리 새끼, 밴댕이, 청멸, 까나리, 눈퉁멸, 양미리라고 구분하여 알려 주었지만 내 눈에는 모두 멸치로 보였다. '멸치는 도대체 어떤 물고기일까?' 이 작은 물고기를 생각하면 늘 미로에 빠져 있는 느낌

이 들었다.

그 뒤로도 나는 줄곧 국내 연안의 멸치어장을 찾아다녔다. 경남 사천만의 죽방멸치, 진도의 낭장멸치, 삼천포의 정치망멸치, 경남 기선권현망멸치. 처음에는 이 명칭들을 멸치 종류에 따른 구분으로 이해했지만 이것이 어장과 어업방식에 따른 명칭이라는 것은 나중에서야 알게 되었다. 더욱 놀라웠던 것은 살아 움직이는 멸치를 끓는 물에 데치거나 증기로 죽이는 모습이었다. 어민들은 멸치의 비늘이 벗겨지지 않도록 신속히 움직였고 세심한 주의와 정성을 다했다. 멸치는 잡는 일만큼이나 제조하는 기술과 과정이 중요하다는 것을 깨닫게 되었다.

이렇게 멸치를 찾아다닌 지 10여 년이 되었다. 나름 멸치를 잘 알고 있다고 자부했던 나는 김치의 역사만큼이나 긴 세월 동안 우리의 식문화를 지켜준 것이 멸치라고 생각했었다. 그러나 기록에서 찾아낸 내용은 빈약하였고 고문헌에 등장하는 젓갈에는 멸치젓이 없었다. 문헌 연구 과정에 들어서야 일제강점기를 거치며 멸치가 우리 밥상에 오르게 되었다는 것을 분명히 알게 되었다. 근대기 일본인의 멸치어장 침탈과 함께 우리의 식탁도 일본식 어식 문화로 변해간 것이다. 또한 잔치국수는 6·25전쟁이라는 민족상잔의 비극을 거치며 보급되었다는 것도 알게 되었다. 일본인 멸치어업 근거지 부산으로 피난민이 몰리면서 멸치

근대의 멸치, 제국의 멸치

로 국물을 내고 배급품 밀가루로 면을 뽑아 한 끼 식사를 해결하였고 멸치의 맛이 널리 알려졌다. 이제 우리의 멸치 문화는 다양하고 일반화되었다.

여전히 부족하지만, 이렇게 몸으로 부딪치고 문헌을 좇아가며 그러모은 것을 정리해 나누고자 한다. 그중에서도 한국 어업사의 전개 과정에서 멸치가 주요 어종으로 자리매김하는 역사적 연구를 이 책의 중심으로 삼았다. 1장과 2장에서는 조선시대 멸치 문헌과 멸치어업 기술을, 3~5장에서는 근대기 멸치어장에 침투하는 일본 세력과 이를 배경으로 한 조·일 어민 간의 분쟁과 갈등 양상을 어업방식에 대한 설명을 곁들여 지역별로 고찰하였다. 6장에서는 '조선공업화'의 주재료인 멸치정어리를 확보하기 위한 총독부의 정어리 통제정책과 일본 재벌의 어장 독점을 검토하였고, 마지막 부록 편에서는 우리들이 멸치를 좋아할 수밖에 없는 이유가 한국인의 전통적인 어식 문화에 기반을 두었기 때문이라는 사실을 고찰하였다. 따라서 이 책은 멸치를 비롯한 여러 '작은 물고기'의 역사성을 통해 한국 어업 문화의 특질을 살펴본 것이다.

이 책은 10여 년 전 한 출판사 기획자와의 약속에서 시작되었다. 잘 안다고 자부했고 다양하고 많은 연구가 있었음에도 멸치의 역사적 연구는 쉽지 않았다. 고문헌과 일본 측 자료도 더 살펴야 했고 어업 기술과 방법을 이해하는 데도 적지 않은 시간이 걸렸다. 그러다가 엄두가 나지 않아 원고를 덮어두었다. 그러나 아카넷 출판사와의 약속으로 다시 용기를 내었지만 오랫동안 중단된 원고를 집필하는 데는 더 많은 정열을 필요로 하였다. 이 책이 완성되기까지 도와주신 아카넷 출판사 여러분들에게 깊은 감사를 드린다.

그리고 현장 조사에 내 일 같이 나서서 도움을 주신 멸치어민들, 이 연구의 토대 연구가 된 고 박구병 선생님, 멸치 이야기를 열심히 들어주고 조사 작업을 함께 한 김학준과 김학연, 그리고 가족들에게도 감사의 말을 전하고 싶다.

압량벌이 보이는 연구실에서
2015년 11월
김수희

차례

들어가는 말   5

1장 조선에서 멸치는 뭐라고 불렀을까?   13

물고기에 얽힌 금기와 속설   16

병을 일으키는 물고기, 멸치   20

작은 물고기, 멸치   23

| 부록 01 | 제주 멸치 '행어'의 어원을 찾아서   25

『우해이어보』와 『자산어보』의 멸치 기록   26

반당어와 밴댕이   32

중국 황제가 찾은 반당어젓   34

| 부록 02 | 반당어젓을 넣은 김치   37

2장 조선에서 멸치는 어떻게 잡았을까?   41

조선의 물고기   44

빛을 좋아하는 멸치   47

불을 이용한 챗배어업   49

바다에서 펼치는 챗배의 난타 공연   52

| 부록 03 | 한강의 잉어잡이   55

모래사장을 이용한 후릿그물   56

강원도 어민의 행복한 비명   58

제주 지형을 이용한 돌살어업   61

| 부록 04 | 사천만 죽방렴 멸치어업   62

3장 일본 어민은 왜
조선 바다로 건너왔을까? 67

일본 농가를 살리는 멸치 70

현해탄을 건너온 일본 어민 72

| 부록 05 | 일본의 독도 영유권 주장과 나카이 요자부로 74

도미에서 멸치로 눈을 돌린 일본 어민들 77

진해만, 일본인 멸치어업의 최초 근거지 79

차별받는 부락민에서 조선 어장의 지배자로 80

어촌형 마을 구조라 85

우오시마 어민들의 구조라 어장 침입 87

'형제의 의'와 일본인 지배 확립 89

일제강점기 구조라 멸치어업의 실태 91

일본인 어촌 건설에 숨은 식민지성 97

4장 일본 정부는 왜
조선 어업을 장려했을까? 101

'통어(通漁)'의 숨은 뜻 104

「조일통상장정」 제41관의 해석 107

어업근거지 건설의 입안자들 112

러시아와 일본의 진해만 쟁탈전 116

거제도, 조선의 전초기지에서 일본의 근거지로 118

군용식량 공급지로 이용된 어업근거지 120

러일전쟁기 거문도 어장에 이식된 멸치어민 123

동도에서 고도로, 거문도 어장의 영고성쇠 127

| 부록 06 | 거문도의 전신기사 오야마 히데마사 129

'군용 어부'로 조선에 온 지바현 어민들 130

어업근거지에서 죽어나간 멸치어민들 133

| 부록 07 | 고래어장을 둘러싼 러·일 간의 어업 경쟁 136

5장 강원과 제주에서는 왜 멸치 어업이 성행했을까? 139

일본 어장에서 개발된 머구리어업 142

제주 어장에 뿌리 내린 전통식 해녀어업 144

일본 머구리어업의 제주 어장 진출 145

| 부록 08 | 무법자를 낳은 「범죄조규」 149

제주의 멸치 어구와 어업 조직 150

민란에서 드러나는 제주 사회의 종속성 153

강원도 멸치어업의 상업화 157

후릿그물 어업과 자본의 성격 159

| 부록 09 | 어비 제조와 일본 어촌 형성 161

멸치어구를 불태운 의병들 163

공동어업, 어장 지배의 타협책 165

6장 일제는 어떻게
조선 어장을 독점했을까? 169

소청어가 돌아왔다 172
정어리어구 유자망의 변천 175
청진항과 멸치제조업 180
폭약의 원료가 된 어유 185
세계 대공황과 정어리 통제책 187
조선의 경화유공장 설립 붐 192
개발 성장론의 논리 비약 195
| 부록 10 | 전래동화 「멸치의 꿈」 201

〈권말부록〉 한일 멸치 음식문화 203

주석 216
그림 및 사진 출처 226
참고문헌 227
찾아보기 232

1

조선에서 멸치는
뭐라고 불렀을까?

우리들이 멸치라고 하면 말린 작은 생선을 쉽게 떠올린다. 지금이야 볶아서도 먹고 국을 내서도 먹는 일상의 식재료지만, 조선에서 멸치는 '바다에 사는 작은 물고기[鰯魚, 小魚, 末子魚, 鯫魚]'의 통칭이었다. 그러다가 멸치가 차츰 건조되어 유통되면서 '말린 물고기'라는 의미도 갖게 되었다. 본디 천한 물고기로 여겨지던 멸치가 일제강점기에는 조선 어장의 최대 어업이 되면서 현재의 쓰임과 위상으로 정착된 것이다.

예부터 물고기가 식재료로 활용된 사례로 젓갈을 빼놓을 수 없다. 지금은 멸치로 담근 젓이 보편화되었지만 조선시대에는 강 하류에서 많이 나는, 일명 '반당어[蘇魚]'라고 하는 반지*Setipinna taty*가 쓰였다. 그러나 멸치어업이 본격화하면서 반지는 상품적 가치를 잃고 우리네 식탁에서 사라졌다. 이 장에서는 멸치의 문화적 역사성을 고찰하기 위해 조선시대의 '멸치' 반지를 함께 다루었다.

☙ ❧
물고기에 얽힌 금기와 속설

조선시대 민간에서는 모양이 기이한 물고기는 병을 일으키고 비늘이 없는 고기는 먹지 말라고 하였다.[1] 18세기 중반 유중림柳重臨이 편찬한 『증보산림경제增補山林經濟』1766에서도 기형인 생선과 상한 생선, 비늘이 없는 물고기는 먹지 말라고 주의하였다. 또 머리에 뼈가 없는 생선, 눈이 붉은 날고기 회, 눈이 쏙 들어간 자라, 돼지고기를 곁들인 새우를 먹으면 풍에 걸린다며 가려서 먹으라고 적고 있다. 지금은 새우가 소화 흡수를 돕는다며 새우젓와 돼지고기를 같이 먹어야 한다지만, 조선시대에는 음식의 궁합이나 식중독 유발을 이유로 물고기에 관한 금기 사항들이 많았다.

한편 19세기에 가정백과 형식으로 기술된 빙허각憑虛閣 이씨1759~1824의 『규합총서閨閣叢書』에는 임산부가 문어, 복어, 가물치, 가오리, 상어, 오징어, 가자미, 자라, 숭어를 먹으면 잘못 된 아기가 태어난다고 지적하였다. 조선시대 일반적 상차림에 자주 오르던

물고기 가운데 모양이 이상하고 뱀처럼 긴 물고기는 임산부에게
는 주의 대상이었다.

> 문어를 먹으면 아기의 머리가 이상하게 커진다. 복어를 먹으면 임
> 신 중에 이를 간다. 가물치를 먹으면 아기 살결이 얼룩진다. 가오리
> 를 먹으면 아기가 나오지 않고 무가 나온다. 상어를 먹으면 피부가
> 상어 살결처럼 된다. 오징어를 먹으면 기형아 아니면 무가 나온다.
> 붕어를 먹으면 아기의 눈이 튀어나온다. 가자미를 먹으면 낙태하거
> 나 아기가 납작하다. 자라를 먹으면 손발이 뒤집힌다. 숭어를 먹으
> 면 눈이 먼 아기를 낳는다.[2]

해산 후 산모가 가물치를 먹으면 백 가지 병을 고칠 수 있다는
동시대의 기록「오주연문장전산고」도 전하지만, 빙허각 이씨는 몸에 반
점이 있고 뱀이 둔갑해서 가물치가 되었다는 속설을 들어 임산
부에게는 주의를 당부한 것으로 여겨진다. 이 『규합총서』의 금기
사항은 여전히 민간에서 전해오고 있다.

충청도에서 우어憂魚라고 부르던 삼치[鰤]도 일본에서는 봄을
알리는 전령사로 인식되지만 조선의 양반들은 근심을 가져온다
고 하여 즐겨 먹지 않았다.

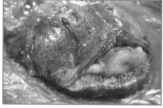

최근 여수 앞바다에서 잡힌 '기이한 모양'의 물고기들

북쪽 사람들은 마어麻魚라고 부르며 남쪽 사람들은 망어鮏魚라고 부른다. 어가에서 즐겨 먹으나 사대부 집에서는 주방에 잘 들여놓지 않는데, 이것은 그 이름을 싫어하기 때문이다.[3]

서해안 양반들은 삼치의 한자어에 '걱정을 불러온다', '죽는다'라는 의미가 함축되어 있었으므로 잘 먹지 않았지만 진해 사람들은 초어艣魚라고 부르고 그 알까지도 좋아했다.[4] 뱀장어도 뱀처럼 생기고 비늘이 없어 먹기를 꺼려했지만, 정약전의 『자산어보玄山魚譜』1814에는 "맛이 달콤하여 사람에게 이롭다"고 하며 설사하는 사람에게 좋다고 기록하였다.

19세기 전국으로 유통된 명태 또한 '무명無名의 고기는 먹어서는 안 된다'는 속설 때문에 일찍이 알려지지 않았다. 그러나 조선 후기 들어 이상기후에 의한 흉년이 잦아지자 각지의 쌀과 함경도 명태를 교환하는 명태 무역이 국가 주도로 활성화되었다.

북어北魚란 주로 경기도 이남 지방에서 동건품冬乾品을 가리키는 명칭인데, 전설에 의하면 지금으로부터 약 600년 전 고려시대 강원도에서 붙여진 명칭으로서 북방의 바다에서 군래群來하는 고기라는 뜻이다. 당시 이 고기는 강원도 연해에서 많이 어획했으나 '무명無名의 고기는 먹어서는 안 된다'고 하는 미신 때문에 세인이 돌보지 않았고 그 어업도 흥하지 못하였으나 그 뒤 함경북도에서 어획되어 명태라는 명칭이 명명된 후부터 보건 식품으로서 전국적으로 널리 이용하게 되었다.[5]

이와 같은 물고기에 대한 금기나 속설은 고대시대 세계 각국에서 찾아볼 수 있다. 바다를 두려움의 대상으로 인식했던 고대에는 물고기를 금기시하였다. 이집트에서는 나일 강 수위가 높아지는 시기가 되면 물고기를 먹지 않았으며 물고기가 왕의 영생을 방해한다고 여겨 물고기에 관한 기록을 하지 않았다. 고대 그리스도교인들은 『구약성서』「레위기」의 "지느러미와 비늘이 없

는 것은 모두 너희들이 피하라"라는 기록에 따라 비늘 없는 생선
은 먹지 않았다. 안식교인들은 이러한 금기를 지금도 지키고 있
으며, 유럽과 게르만 민족은 문어나 오징어를 '악마의 물고기'라
고 부르며 여전히 잘 먹지 않는다.[6]

하지만 우리나라에서는 문어를 귀한 생물로 제사상에 올리고
일본에서는 약사여래가 문어를 타고 건너왔다며 문화의 전파자
로 숭상한다. 세계적으로 음식에 대한 금기는 종교와 미신의 영
향이 컸지만 유독 우리나라에서는 모양이 괴이하게 생긴 물고
기, 이름이 좋지 않은 물고기를 금기시 하였다.

∞ ☾
병을 일으키는 물고기, 멸치

1800년 진해에 유배 간 담정薄庭 김려金鑢는 유배지에서 어민과
지내며 물고기와 조개 등을 익숙하게 접하면서 진해의 특이한
물고기[異種]를 소개한 『우해이어보牛海異魚譜』1801를 저술하였다. 김
려는 이 책에서 어류와 어패류의 이름, 모양, 습성과 잡는 방법을
설명하였는데 물고기는 총 53종, 게와 패류는 총 19항목을 다루
었다.

『우해이어보』는 멸치를 말자어末子魚라고 소개하면서 서울에서

팔리는 멸아鱴兒와 비슷하다고 하였다. 김려는 진해에서 본 멸치
말자어와 서울에서 본 멸아를 같은 종류의 멸치로 인식하고 있었
으나 형태나 크기가 달랐기 때문에 같은 종류의 멸치라고 말할
수 없었다고 생각된다. 김려는 진해로 오기 전에 강원도 유배지
에서 멸치에 대한 이야기를 듣고 있었으나 멸치는 물고기의 이
종異種으로 보고 "장기瘴氣와 남기嵐氣"의 기운으로 생긴 물고기라
고 한다.

> 내가 일찍이 관동 지방의 바닷가 사람들의 말을 들은 적이 있다. 멸
> 치도 역시 장기瘴氣와 남기嵐氣의 기운으로 생겨나기 때문에 매번 덥
> 고 안개가 끼어 어두운 때에 조수潮水가 솟구쳐 오르는 곳으로 가 삼
> 태기로 떠서 잡는다고 한다. 내가 들은 것은 대개 이러한 종류의 말
> 이었다.[7]

장기는 열대나 아열대 산림의 습하고 더운 공기를 말하고 남
기는 산의 습기 찬 안개라는 뜻이다. 김려는 멸치가 장마철 습한
날씨에 잡히는 데서 이 물고기의 특성을 미루어 보았으며, 이것
이 장려병瘴癘病의 원인이라고 하였다.

그리고 멸치의 한 종류인 정어리鯫鱺도 "잡은 지 며칠이 지나
면 살이 더욱 매워져서 사람들에게 두통을 일으키게 한다"면서

정어리를 '증울蒸鬱' 즉 '덥고 답답해서 머리가 아프다'라는 뜻의 한자어로 적고 있으며, 멸치와 같은 속성을 지닌 물고기로 취급하였다.[8]

여기서 장려병이란 더운 습기에 오랫동안 노출되면 생기는 병으로 우리가 보통 학질瘧疾이라 부르는 감염성 질병 '말라리아'를 말한다. 그래서 조선시대 관료들은 습도가 높은 지역인 제주도, 거제도, 남해를 유배지로 꺼려했는데 장려병에 걸릴 것을 염려했기 때문이다. 조선 후기의 문신 남구만南九萬, 1629~1711은 1679년 숙종 5 윤휴尹鑴·허견許堅 등의 방자함을 탄핵하다가 거제도와 남해에서 유배 생활을 했다. 1680년 사면을 받아 서울로 돌아오는 길에 '장독瘴毒이 있는 만리萬里의 강변에서 돌아오다歸從萬里瘴江邊'라고 소회를 읊었는데, 여기서 '만리'라는 거리는 단순히 거리상의 표현은 아닐 것이다.[9]

멸치는 5~6월 습기가 많고 날씨가 따뜻하여 기온이 상승하면 잡히기 시작한다. 따뜻한 온도에서 부패가 유독 빠른 만큼 식중독을 일으켜 머리가 아프고 설사가 나는 장려병을 유발하였다. 그래서 진해 어민은 멸치를 잘 먹지 않았고 잡는 즉시 가까운 마을로 팔러 나갔다.

1814년 흑산도에서 저술된 정약전의 『자산어보』에는 "멸치는 젓갈에 쓰고 말려서 각종 양념으로 사용하니 선물용으로 좋지 않다"고 하였다.[10] 19세기 중엽에 기술된 이규경李圭景, 1788~1863의 『오주연문장전산고五洲衍文長箋散稿』에는 "살아 있는 것은 탕으로 만들며 (날것은) 기름이 많아 먹을 수 없다. 말린 것은 일상의 반찬이 된다. 그러나 북어가 전국에 퍼지는 것에는 미치지 못한다"고 하였다.[11] 19세기 초기 장려병을 일으킨다고 알려진 멸치가 19세기 중반에는 일상의 반찬으로 명태와 견줄 만큼 널리 알려졌다.

ℬℭ
작은 물고기, 멸치

멸치는 지방에 따라 행어 · 잔어 · 멸오치 · 멧 · 멸 · 멸치 · 명아치 · 메르치 · 멧치 · 메레체 · 열치 · 잔사리 · 추어 · 돗자라기 등 여러 가지 이름으로 불렸다. 1750년영조 26 『균역행람均役行覽』에는 전라도 균세사均稅使가 조사한 각종 어망 가운데 '멸치망滅致網'이 나오는데,[12] 멸치망은 찬거리를 장만하기 위한 소규모 어구로 구분되어 세금이 부과되지 않았다. 이 전라도 멸치망이 멸치라는 이름이 기록된 최초의 문헌이다.[13]

이만영李晩泳은 『재물보才物譜』1798에서 잔어鱴魚는 "바다에 사는 작은 물고기는 멸치다[海中小魚 멸치]"라고 하고 잔건鱴乾은 "말린 물고기를 서해안에서는 잔건이라 한다[鱴魚乾者[西]]"고 하였다.[14] 『우해

조선에서 멸치는 뭐라고 불렸을까?

이어보』1801는 멸치를 물고기 가운데 '가장 어린 물고기', '작은 물고기', '여린 물고기'라는 뜻에서 말자어末子魚, 멸아鱴兒, 기어幾魚라고 하였다. 『자산어보』1814는 미꾸라지라는 뜻의 추어鰍魚라고 하였다. 유희柳僖의 『물명고物名考』1820에서는 잔어鰊魚를 "바닷속 작은 물고기海中小魚"라고 하였고 잔건鰊乾은 "말린 것은 모두 지금의 멸치[乾者盡如今멸티]"라고 하였다.

이렇게 18세기 기록 『재물보』에서는 멸치를 '바다에 사는 작은 물고기'라고 하였으나 19세기 중엽 『물명고』에서는 말린 물고기를 멸치라 부르고 있었다. '바다에 사는 작은 물고기'가 건조되어 유통되면서 멸치는 말린 물고기를 부르는 말로 통칭되었다. 지금도 멸치라고 하면 바다에서 잡아 올린 살아 있는 물고기보다는 말린 것을 이르는 경우가 많아 멸치라는 이름에 담긴 의미에서 역사적 변천을 짐작케 한다.

19세기 중반 강원도에서 많은 멸치가 어획되었다. 당시 동해안에서 발달한 후릿그물로 잡으면 그 양이 다 먹을 수 없을 정도로 많았다. 지금의 선단어업에 견줄 만큼 대단했을 것이다. 또한 조선 후기 추자도와 같은 도서 지역에서도 멸치로 젓갈이 제조되고 있었다. 20세기 기록인 『한국수산지韓國水産誌』1908는 진해를 멸치 산란장이라고 하였고 기어幾魚 또는 멸어滅魚라 부른다고 기록하였다.

이와 같이 전라도 어망 멸치망에서 유래한 멸치가 남해안을 중심으로 확산되면서 서울에서는 멸아, 진해는 기어, 강원도 장전 및 고저庫底 지방에서는 멧치, 황해도 몽금포에서는 돗자래기, 전라도 초도에서는 멸치, 제주에서는 멸 또는 행어, 거문도에서는 멧으로 불렸다. 멸치를 문헌에서는 '바다에 사는 작은 물고기鰮魚, 小魚, 末子魚, 鮧魚'로 기록하였고 말린 멸치가 유통되면서 '말린 물고기'라는 의미로도 사용되었다.

부록 01
제주 멸치 '행어'의 어원을 찾아서

『세종실록지리지』, 『신증동국여지승람』 토산조土産條의 '행어行魚', 『여지도서輿地圖書』1768 전라도 토산조의 '행어'가 멸치라고 어류박사 정문기는 말한다.

　정문기 박사는 한국인으로서는 처음으로 동경제국대학 수산과를 졸업하여 1930년 총독부 수산과 주임으로 임명된 후 수산업 고문헌 수집과 정리에 관심을 가지게 되었다. 하루는 자료를 찾아 서울에 사는 고문헌 장서가 아유가이 후사노신鮎貝房之進를 찾아갔다. 그는 『세종실록지리지』 함경도 예원군預原郡 토산조와 『신증동국여지승람』 제주도 제주목濟州牧 · 정의현旌義縣 · 대정현大靜縣 토산조에 기록된 '행어'가 어떤 물고기인가를 묻고 그 답을 찾아오면 수산업

조선에서 멸치는 뭐라고 불렸을까?

관련 고문헌을 보여주겠다고 하였다. 정문기 박사는 제주도 전역을 돌아다녔으나 답을 알아내지 못했다. 그런데 우연히 대정읍 모슬포에서 만난 60세 노인이 행어가 멸치라고 알려주었다.[15]

노인은 제주 연안에서 멸치를 바가지로 퍼내어 잡던 일을 기억하고 있었다. 자신이 어려서 서당을 다니던 시절에는 멸치 떼가 모슬포 연안에 밀려와 우왕좌왕하다가 제풀에 언덕으로 뛰어오르곤 했다는 것이다. 행어行魚라는 이름도 '이리 갔다 저리 갔다 헤엄을 잘 치는 모습'에서 붙여진 한자식 명명일 것이다. 50년 전의 기억이라고 했으니 1900년 이전의 제주에서는 그만큼 멸치가 흔하디흔한 물고기였으며, 1900년대 제주 수산물 총생산량의 70퍼센트가 멸치였다는 기록도 남아 있다. 아무튼 우연한 만남에서 숙제를 해결한 정문기 박사는 약속한 대로 방대한 어류 관계 문헌을 얻었으며, 이를 바탕으로 한국 어류학에 밑돌을 놓는 방대한 작업을 남길 수 있었다.

ഇ൚

『우해이어보』와『자산어보』의 멸치 기록

근대 이전 조선의 3대 어보魚譜는 앞서 소개한 김려의『우해이어보』와 정약전의『자산어보』, 서유구徐有榘, 1764~1845의『난호어목지』를 꼽는다. 이 책들은 수산 관계의 대표적인 저작물로 이전의 어류 관련 기록들과 달리 '어보'라는 명칭을 사용하였을 뿐만 아니라 책 전체가 모두 어류에 관한 내용으로 기록되어 진정한 의미에서 어류 관련 저술이라고 할 수 있다. 현대적 관점에서 본다면, 어류 도감이나 어패류 사전의 형태로 과학적인 방법을 동원하여 기록한 자연과학 분야의 저작물이다. 이 가운데 『우해이어보』는 우리나라 최초의 어류도감으로 알려져 있다.

『우해이어보』

『우해이어보』는 진해 바다[牛海]를 대상으로 수산물을 조사하고 기록한 것으로 전근대기의 수산물 종류와 포획 방법, 어획물 유통 등을 비교적 상세히 알 수 있는 문헌이다. 이 책 서문에 나오는 저술 동기를 살펴보자.

고기 잡는 것을 염두에 두지 않고, 다만 날마다 듣지 못하던 것들을 듣고 보지 못하던 것들을 보는 것을 기쁨으로 삼았을 뿐이다. 기이하고 괴상하며 놀라운 물고기들이 그 수를 헤아릴 수 없이 많아서 비로소 바다에 사는 것들이 육지에 사는 것보다 많고, 바다의 생물이 육지의 생물보다 많음을 알게 되었다. 그래서 드디어 한가한 때

에 그들 중에 기록하고 채록할 만한 것들의 형태, 색채, 성질, 맛 등을 적어두었다.[16]

담정은 매일 아침 바다로 가 몇 리, 수십 리, 수백 리 떨어진 곳에서 밤을 새우면서 '날마다 듣지 못하던 것들을 듣고 보지 못하던 것들을 보는 것을 기쁨으로 삼았다'고 하였다. 그가 기록한 어류 53항목, 갑각류 8항목, 패류 11항목 등은 다음과 같다.

어류: 문절어文鰤魚, 감성돔鮨松, 볼락甫魚, 학공치魟, 회회鮰鮰, 쥐치鼠鱩, 자주복石河魨, 침자어沈子魚, 도알鱹戞, 한사어閑鯊魚, 증얼曾蘖, 말자어末子魚, 양타鱶鮀, 오노어鰞鱸魚, 노로어鱸奴魚, 조기사돈石首査頓, 녹표어鯥鰾, 표어豹魚, 삼치鰺鮭, 원앙어, 모질, 청가오리, 노랑가오리, 도골, 윤양어, 고지, 안반어, 가달마지, 영수, 청어, 뱅어, 계도어, 겸장, 망상어, 노랑가자미, 돌방어, 토묵, 은색잉어, 염고어, 개불, 패어, 흑호포, 매가리, 어희, 범어, 용서, 왜송, 전사전어, 인순어, 첩전연어, 정자, 도다리, 백조어

갑각류: 대게, 거등해, 돌방게, 말똥게, 달랑게, 거치해, 변편, 평상게

패류: 명주조개, 할미조개, 장합, 반달조개, 전복, 황소라, 앵무소라, 게소라, 새우소라, 황새소라, 해삼고동

위의 기록에서 물고기 몇 개를 제외하면 어떤 물고기인지 알수 없다. 『우해이어보』의 저술 동기가 '특이한 물고기[異漁]'를 적는다고 하였으므로 당연하다고 생각되지만 현재 우리들에게 잘 알려진 도미도 특이한 물고기로 소개하였다. 진해에서는 도미로 식해를 만드는데 머리와 꼬리를 자르고 쌀밥과 엿기름 누룩, 소금을 넣어 삭힌다고 하여 조선의 식문화도 엿볼 수 있다.

그리고 멸치도 특이한 물고기로 간주하여 기幾라고 부른다고 하였다.

말자어末子魚라는 근연종이 있다. 정어리와 같지만 아주 작다. 바닷가의 여러 곳과 서울에서 팔리는 건어물인 멸아鱴兒와 비슷하고 진해에서도 생산된다. 멸치를 이곳 사람들은 '기幾'라고 하는데 기라는 말은 방언으로 '멸鱴'이다. 멸치는 어떤 것은 생선으로 두고 어떤 것은 말리기도 하는데 말자어와 대동소이하다.[17]

담정은 진해의 멸치를 '기'라고 하면서 '멸'의 방언이라고 하였다. 멸치의 표준어는 멸이고 서울에서 판매되는 멸아와 비슷한 종류로 취급하였다.

『우해이어보』가 저술된 비슷한 시기에 흑산도로 유배 간 정약전은 멸치를 '작은 물고기' 추어鯫魚라고 하였고 속명으로는 멸어

蔑魚라고 하였다. 따라서 조선시대 각 지역에서 다양하게 부르던 멸치 이름들이 대량생산 체제를 정비하면서 멸어라는 표준 명칭으로 통일되었음을 알 수 있다.

정약전이 구별한 멸치[鱴魚]는 대취大鱴, 단취短鱴, 소비취酥鼻鱴, 익취杙鱴이고 모두 멸치의 한 종류로 파악하였다. 이 멸치의 현대 명칭을 조사한 이태원은 추어鱴魚는 멸치Engraulis japonica, 대추大鱴는 정어리Sardinops melanosticta, 단추短鱴는 밴댕이Harengula zunasi BLEEKER, 공멸酥鼻鱴은 까나리Ammodytes personatus GIRARD, 익추杙鱴는 청멸이라고 하였다. 정약전은 멸치[鱴魚]를 『사기史記』「화식전貨殖傳」의 추천석鱴千石, 『설문設文』의 추백어鱴白魚, 『운편韻篇』의 소어小魚와 동일하다고 하였다.

추어鱴魚 俗名 蔑魚

몸이 매우 작고 큰 놈은 서너 치, 빛깔은 청백색이다. 6월 초에 연안에 나타나 서리 내릴 때에 물러간다. 성질은 밝은 빛을 좋아한다. 밤에 어부들은 불을 밝혀 가지고 멸치를 유인하여 함정에 이르면 손그물로 떠서 잡는다. 이 물고기로는 국이나 젓갈을 만들며 말려서 포도 뜬다. 때로는 말린 것을 고기잡이의 미끼로 사용하기도 한다. 가가도可佳島에서 잡히는 놈은 몸이 매우 클 뿐 아니라 이곳에서는 겨울철에도 잡힌다. 그러나 관동에서 잡히는 상품보다는 못하다. 살피건대 요즈음 멸치는 젓갈용으로도 쓰고 말려서 각종 양념으로도 사용하는 것을 보는데 선물용으로는 천賤한 물고기다.

대추大鰌 俗名 曾蘗魚

큰 놈은 대여섯 치 정도이고 빛깔이 푸르고 몸이 약간 길다. 지금의 청어를 닮았다. 멸치보다 먼저 회유해 온다.

단추短鰌 俗名 盤刀茂

큰 놈은 서너 치 정도로, 몸은 조금 높고 살졌으며 짧다. 빛깔은 희다.

공멸酥鼻鰌 俗名 工茂

큰 놈은 대여섯 치 몸이 길고 야위며 머리가 작다. 콧부리는 반 치 정도로 빛깔은 푸르다.

익추杙鰌 俗名 末獨茂

반지小鰌와 같으며 빛깔도 또한 같다. 머리는 넉넉지 않고 꼬리는 뾰족하지 않다. 모양이 말뚝 같다고 해서 이런 이름이 주어졌다.[18]

31

반당어와 밴댕이

5월이면 강화도 앞바다에서 횟감으로 크게 인기를 누리는 물고기가 조선시대에 한글로 반당어, 한자로는 소어蘇魚라고 적은 반지Setipinna taty이다. 『난호어목지』에서는 반지를 소어, 한글로 '반당이'라고 하였고, 『자산어보』는 해도어海魛魚 또는 소어, 반당어伴倘魚라고 하였다. 이 물고기가 조선시대 멸치와 같은 용도로 이용되어 귀천을 막론하고 소비가 많았다.

1437년세종 19 각 연안의 어장漁場과 어량漁梁을 조사한 조사관은 함경도와 강원도 연안에는 대구·연어·방어가 많이 나고 경상도는 대구·청어, 전라도는 조기·청어, 충청도와 황해도 그리고 평안도에는 청어·잡어, 경기도에는 반당어·잡어가 많이 난다고 보고하였다.[19] 남해안의 대구·청어, 동해안 방어·연어, 서해안의 조기, 청어와 함께 경기도를 대표하는 물고기가 반당어였다.

『증보산림경제』에서는 반당어가 "탕과 구이 모두 맛이 있고 회로 먹으면 준치보다 낫다"고 하여 '썩어도 준치'라는 옛말처럼 맛의 대명사로 불리는 준치보다 고급이라고 평가하였다. 『규합총서』에서도 "회나 젓갈, 구이와 탕, 젓갈 등 어떻게 먹어도 맛이 있다"고 하였다. 반당어는 회, 구이, 젓갈로 다양하게 먹는 일상의 음식이었다.

하지만 오늘날의 많은 사람들은 반지를 밴댕이라고 부른다. 밴댕이[디포리]는 청어과 밴댕이*Harengula zunasi* BLEEKER에 속하는 물고기로 전체적으로 은색을 띠며 등이 파래서 멸치와 생김새가 비슷하다. 하지만 반지와 종종 혼동하여 사전이나 사이트에 소개되기도 하는데, 반지와 밴댕이는 다른 종류의 물고기다. 『한국어도보韓國魚圖譜』에 기록된 두 물고기의 방언을 살펴보면 다음과 같다.[20]

반지*Setipinna taty*
방언 — 반지[충남], 반댕이[경기도], 소어, 반당어

밴댕이*Harengula zunasi* BLEEKER
방언 — 밴댕이·반댕이[황해도], 빈징어[충남], 순뎅이·靑蘇魚[선천], 뒤파리·뒤포리[진도군 지도면], 수누퍼리[평북 등곳이], 납시구[영암군], 빈지매·반전어[몽금포], 자구리·순정이[인천], 띠푸리[통영], 반당이·勒魚

황해도와 경기도에서는 반지와 밴댕이를 '반댕이'라는 동일한 이름으로 부르고 있었고, 분포와 습성, 형태와 이용 면에서 서로

조선에서 멸치는 뭐라고 불렀을까?

반지(위)**와 디포리**(아래)
밴댕이는 등이 푸른빛을 띠는 데서 '디포리(뒤가 파랗다)'라고도 불린다.

가 비슷했기 때문에 선천 지역에서는 밴댕이를 파란 소어[靑蘇魚]라고 하였다. 지역마다 반당어소어와 밴댕이뒤포리를 비슷한 작은 물고기군으로 취급하면서 동일한 명칭이 되었다고 생각한다.

∞ ❀

중국 황제가 찾은 반당어젓

조선시대 반당어[蘇魚]는 궁중에서 환대를 받았다. 반당어는 5월

근대의 멸치, 제국의 멸치

경 강화도의 강 하구와 한강 부근에서 많이 잡혔다. 경기도 안산에 설치된 소어소蘇魚所에서는 왕실의 사옹원 관리가 상주하여 반당어를 잡아 상납하였다. 이와 비슷한 관소로 고양에 설치된 위어소葦魚所가 있다. 위어소에서는 웅어Coilia ectenes JORDAN et SEALE를 잡아 상납하였는데, 웅어는 4~7월 사이 바다에서 강 하류로 올라와 갈대밭에서 잡히므로, 갈대고기라는 뜻에서 위어葦魚라고 불렸으며, 왕이 먹는 물고기라 하여 진어珍魚라고도 하였다. 사옹원은 임금의 반찬 및 대궐 안의 공궤供饋, 음식를 맡아보던 조선시대 관청인데, 반당어와 웅어 철이 되면 관소를 각각 설치하였다. 웅어는 대궐로 운반하여 가늘게 채 썰어 횟감으로 쓰였고, 반당어는 주로 젓갈로 이용되었다.

반당어젓은 중국까지 알려진 조선의 특산품이었다. 1424년 7월 8일 기록에 의하면 중국 황제는 "짐은 늙었다. 입맛이 없으니 소어반당어와 붉은 새우젓과 문어와 같은 것을 올리라"고 주문사奏聞使 원민생元閔生에게 명하였다. 이에 응하여 1429년 세종은 중국으로 반당어젓 500근을 보냈다.[21] 또한 1483년 성종은 공로가 있는 상사上使와 부사副使들에게 각각 반당어젓 세 항아리와 두 항아리를 하사했다.[22] 이후에도 왕실에서는 공로가 있는 관리들에게 반당어젓을 나누어 주었다. 이순신 장군이 반당어젓을 전복, 어란과 함께 어머니에게 보냈다는 기록도 『난중일기』을미년 5월 21일

조선에서 멸치는 뭐라고 불렀을까?

에 전한다.[23] 이처럼 반당어젓은 붉은 새우젓과 함께 조선을 대표하는 젓갈로 왕실과 양반가에서 찾았던 일상의 반찬이었다.

이렇게 반당어젓은 궁중과 민가에서 두로 쓰임이 많았기 때문에 생선 장수들이 저자를 돌아다니며 내다팔 만큼 상업적 형태로 발전하였고[24] 그만큼 수요가 많다 보니 폐단도 없지 않았다. 사옹원 관리들이 개인적으로 반당어를 거두는 폐단이 종종 발생한 것이다. 1625년인조 3 반당어를 함부로 거둔 사옹원 관리를 처벌하라는 조정에 올라온 상소를 살펴보자.

사옹원의 어부는 기전畿田의 끝없는 폐단이 되고 있습니다. 이처럼 옛것을 고치고 새롭게 해가는 때에 전보다도 줄여야 마땅할 것인데, 사옹원이 무단히 더 배정한 소어와 위어가 각각 2,000속이나 되니 이 한 가지 일을 가지고도 여타의 것을 알 수 있습니다. 상공上供을 많이 감했는데도 백성의 부담은 늘었으니 매우 한심합니다. 사옹원의 해당 당상과 낭청을 모두 추고하도록 명하소서.[25]

1809년순조 9 경기도 광주와 안산 송리松里 곡성곶谷城串에서도 사옹원 관리가 마음대로 반당어를 거두는 폐단이 발생하였다. 사옹원 관리들은 반당어 상납을 핑계로 배마다 돈 10냥씩을 주고 소어 1,200급級, 두름을 사들였다. 그리고 세금으로 어선 1척에 18냥씩 부과하여 막대한 이익을 착복하였다. 결국에는 이러한 수탈을 피해 어민들은 모두 마을을 떠났다고 기록은 적고 있다.[26] 비단 이 지역뿐 아니라 서해안 전역에서는 배를 소유한 어민들에게 상납을 핑계로 소어세蘇魚稅를 지나치게 부과하였고 이러한 수탈을 감당하지 못한 어민들이 도망가는 일이 잦았다.

반당어의 공급이 절대적으로 부족한 상황에서 1790년정조 14 경남 통영 관아에서는 생산량이 증가하던 멸치에 원세元稅 외에 배한 척당 7~8냥씩을 소어세로 부과하려고 하였다.[27] 멸치가 반당어를 대신하여 젓갈로 이용되면서 관에서는 멸치에 세금을 부과한 것이다. 결국 어민의 탄원으로 징세는 이루어지지 않았으나 100여 년이 지난 1887년경 진해에서는 멸어세蔑魚稅가 징수되었다.[28] 19세기 중엽 이후 멸치는 반당어를 대체하는 부수적 어업이 아니라 단일 어업으로 성장하여 징세의 대상이 되었다.

부록 02

반당어젓을 넣은 김치

19세기 들어 고추를 넣어 김치를 담그면서 젓갈의 사용도 더불어 크게 늘어났다. 『규합총서』에는 해물과 젓갈, 어육침출수를 동시에 사용한 김치 제법이 처음 소개되었는데 최초의 김치로 반당

조선에서 멸치는 뭐라고 불렸을까?

반당어젓으로 담근 김치

어_{蘇魚}젓을 넣은 석밖이 김치를 소개하고 있다. 또한 이 책에서는 반당어젓은 "뼈까지 삭히고 그 녹아난 맛이 향기롭다"고 적고 있다. 이렇게 탄생한 김치는 1850~1860년경 재배에 성공한 새로운 원료인 결구형 배추에 접목되면서 결구배추 잎 사이에 석밖이의 김치 재료를 잘게 썰어 넣는, 현재 김치의 모습을 온전히 갖추게 된다.²⁹ 지금도 반당어 산지 강화도에서는 반당어젓을 넣는 섞밖이 김치가 전통을 이어가고 있다.

『규합총서』를 쓴 빙허각 이씨_{1759~1824}는 『언문지_{諺文誌}』의 저자 유희_{柳僖}의 고모이며 남편은 『임원경제지』를 쓴 서유구의 형 서유본_{徐有本}이다. 그녀 또한 실학자의 후손으로 가문에서 전해 내려오는 이야기를 자신의 경험과 견해를 더하여 저술하였는데, 그것이 바로 가정 백과사전인 『규합총서』이다. 이 책의 1편인 '술과 음식 만들기'에서는 물고기를 이용한 20여 개의 음식을 소개하였다. 잉어·붕어·쏘가리·은구어·가물치·웅어·게·송어·메기·뱅어·숭어·반당어·조기·복어·청어·농어·대구·민어·준치·문어·오징어·생복·자라·홍합·해삼의 요리법에는 "맛이 아름답다", "그윽하다" 등 미각을 자극하는 말을 자주 사용하였다. 자신이 물고기를 즐겨 먹었기에 다양한 물고기 조리법을 깨첬을 것으로 여겨진다. 그녀가 책에서 소개한 반당어로 만드는 교침해젓갈_{조침젓}은 다음과 같다.

『규합총서』

사월 굴이 알을 배는 시기에 바닷물로 씻어 이듬해 봄에 내는 것을 전굴젓이라 한다. 여기에 숭어, 조기, 반당어, 생복, 소라의 비늘을 벗기지 말고 배를 타 속을 다 내고 깨끗이 씻어 말리어 물기가 빠지면 큰 생선은 저미고 잔고기는 그대로 굴젓 항아리에 켜켜이 놓고 굳게 봉하여 재를 위에 덮어 여러 달이 지난 뒤 먹는다.[30]

2

조선에서 멸치는
어떻게 잡았을까?

멸치 잡는 그물인 멸치망滅致網이 처음 등장한 것은 18세기 전라
도였다. 그후로 멸치어업이 발전하면서 각 지역의 멸치잡이 어
민들은 지형과 지세를 이용하여 어업 규모를 확대하였고 어구를
개량하였다. 추자도·거문도·흑산도·제주도 등 전라도 도서
지역과 남해안 연안 지역에서는 불을 이용한 챗배어업, 동해안
에는 모래 해변을 이용한 후릿그물어업, 서해안과 제주도에서는
바닷가에 돌을 쌓아 멸치를 가두는 돌살어업이 전개되었다. 그
리고 개항기 일본인 진출 이후 멸치는 명태, 조기와 함께 조선의
3대 어업으로 부상하였다.

조선의 물고기

조선시대 가장 많이 어획된 물고기는 조기, 명태, 청어, 대구 등 어군을 형성하는 물고기였다. 연안 가까이로 몇 리에 걸쳐 물고기가 떼를 지어 왔다. 17세기 한랭화 현상으로 추위가 급습하는 기후 환경의 변화에 따라 명태, 청어가 특히 많이 어획되면서 이들 물고기에 대한 가공기술도 발달했다.[1]

조선 후기에는 도시 인구의 증가와 함께 수산물 소비 시장도 확대되었다. 제사와 각종 제례의식에서 조기, 명태, 청어, 문어의 소비가 늘어나면서 조기잡이 어장이던 고군산도 앞바다에는 각 읍의 상선들이 몰려왔고 바다 위에서 어류를 거래하는 파시波市가 형성되었다. 또한 명태의 집산지 함경도 원산에서는 명태가 산처럼 높이 쌓일 만큼 생산되었다.

19세기 서유구의 저서 『난호어목지』를 비롯한 실학자들의 문헌에는 조선시대 늘어나는 어업 생산에 관해 적고 있다. 이 기록에는 연안으로 명태, 조기, 새우, 청어가 떼 지어 왔고 어장으로 상인들이 구름 떼처럼 몰려왔다고 기록하였다.

(명태는) 모두 남쪽 원산으로 실어 보내는데 원산에는 사방에서 장

사꾼이 모여드는 곳이다. 배에 실은 것은 동해를 거쳐서 말에 실은 것은 철령鐵嶺을 넘어 밤낮으로 이어져 팔도에서 유통된다. 아마도 우리나라의 팔도에서 많이 유통되는 것은 오직 이 명태가 청어와 더불어 으뜸이 되기 때문일 것이다.[2]

우리 동쪽의 동해에는 없는데 오직 서남해에서만 산출되며 곡우 전후에는 무리를 이루고 떼를 지어 남쪽에서 서쪽으로 비스듬히 올라간다. 그래서 조기를 잡을 때에는 호남의 칠산 앞바다에서 시작하여 해서의 연평도 앞바다에서는 가장 성황을 이루고 관서의 덕도 앞바다에서 그치는데 이를 따라가면 등래登萊의 바다에 이르게 된다.[3]

장사꾼들이 운집해서 새우를 배에 싣고 와 소금을 네 번 쳐서 절여 건어를 만들거나 소금에 절여 젓을 담그는데 이것이 온 나라에 넘쳐흐르니 귀천을 불구하고 다 좋아한다. 대개 바닷물고기 중에서 가장 많고 맛도 매우 좋다.[4]

(청어는) 정월이 되면 알을 낳기 위해 해안을 따라 떼를 지어 회유해 오는데 이때의 청어는 수억 마리가 대열을 이루는 만큼 바다를 덮을 지경이다. 석 달 동안 산란을 마치면 청어 떼들은 곧 물러간다.

그런 다음엔 길이 서너 치 정도의 청어 새끼가 그물에 잡힌다.[5]

한꺼번에 대량 포획된 명태는 북부 지방의 찬 공기와 낮은 온도를 이용한 동건법으로 말렸다. 청어는 연기로 그을려 말리고 조기는 소금 산지가 가까이 있고 부패하기 쉽기 때문에 소금에 절이거나 절인 후 훈제하여 운반하였다. 맑은 공기나 건조한 기상 조건을 이용한 건제품 제조는 우리나라 수산물 제조의 특징이었다.

이 밖에도 19세기 초 전국 시장에서 거래된 수산물에는 대구, 민어, 준치, 낙지, 숭어, 웅어, 붕어, 농어, 반지, 백어, 광어, 조개류, 해삼, 오징어, 미역, 전복, 멸치 등이 있었다. 이 중에서 멸치가 유통된 곳은 경주와 호남의 만경 지역이었다. 조선 후기 전국적 규모로 판매되던 명태, 조기, 청어, 대구 등과 비교하면 멸치는 경상도와 전라도 일부 지역에서만 판매되고 있었다.

1908년 통감부 농상공부에서 편찬한 『한국수산지』는 이렇듯 지역적 한계를 벗어나지 못하고 소규모로 이루어지던 멸치어업이, 개항기 일본인이 비료용 멸치[魚肥]를 매입함에 따라 조선인의 중요 어업으로 발전하였다고 기록하였다.

멸치어업은 예로부터 행해지지 않았던 것은 아니지만 방법이 매우 유치해서 어느 것도 모두 불완전한 작은 어구를 이용하여 연안으로 군집해 오는 고기 중 소량을 어획하는 데 불과했다. 대개 조선에서는 이것을 날것으로, 혹은 햇볕에 말려서 오로지 일상 요리의 용도로 사용했고 아직 이것을 비료로 이용하는 방법을 알지 못한다. 그런데 최근 일본인이 비료용 건멸치로 활발하게 매입하는 일이 속출하여 조선인 또한 그 이익에 착안해 이 어업에 크게 힘을 기울이기에 이르렀다. …… 조선의 중요한 어업의 하나가 되기에 이르렀다.[6]

৪০ ৪৩
빛을 좋아하는 멸치

물고기가 빛에 모여드는 성질을 '주광성走光性'이라고 한다. 멸치 외에도 오징어, 삼치, 전갱이, 갈치도 빛을 좋아하므로 이 물고기들은 빛으로 유인해 잡는다.

멸치가 빛에 반응하는 이유는 먹이 때문이라는 것이 유력한 설명이다. 멸치의 먹이가 되는 동물플랑크톤이 빛을 따라 표층에 몰려들면 멸치도 이것을 잡아먹기 위해 표층 위로 올라온다는 것이다. 아침 일출시와 저녁 일몰시 해중의 밝기가 가장 격하게 일어나는 시간대에 멸치가 가장 잘 잡히는 것도 비슷한 이유로 설명할 수 있다. 이러한 설명은 옛 소련의 학자가 주장한 것으로 밝기의 변화가 클 때에는 먹이를 알아채기 쉽다는 것을 멸치가 학습하였고, 그래서 집어등과 같은 인공 광선을 내리쬐면 먹이가 있을 거라고 생각하여 모여든다는 것이다.

이와는 다른 설명으로 집어등과 같은 밝은 빛에 멸치가 당황하여 모여든다는 설도 있다. 즉 물고기의 유영수심은 해중의 밝기 변화에 대응하여 정해져 있는데 낮에는 태양, 밤은 달과 별이라는 자연광에 가장 큰 영향을 받는다. 물고기는 오랜 진화의 과정에서 자연광의 변화에 대응하여 행동하는 제어 기구를 가지게 되었는데 집어등과 같은 인공 광선을 쬐면 물고기가 적응하지 못하고 당황한다는 것이다.

이렇게 빛에 반응하는 멸치가 주광성을 지녔다는 것은 이미 알려진 사실이지만 왜 멸치가 빛에 반응하는지에 대한 연구는 아직 거의 없다. 지금까지 연구 결과는 빛에 반응하여 멸치가 몰려오기 때문에 집어등을 이용한 어법漁法이 사용되고 있다는 현상만을 확실히 설명할 수 있다.[7]

불을 이용한 챗배어업

우리나라에서는 멸치의 이러한 습성을 이용한 어업이 조선 후기에 개발되었다. 챗배어업은 주로 남해안 도서 지역에서 많이 이루어졌다. 이 어법은 빛으로 멸치를 유인한 뒤 삼태기 모양의 그물로 멸치를 떠서 올리는 들그물을 사용한다. '챗배'라는 이름은 들그물의 모양을 이르는 한자어[箕]에서 따온 것이지만, 실제 어업에서 배 측면을 두드리며 내는 고함소리"자, 자, 자~"에서 '차잣배'라는 설도 있다. 한밤중에 불을 밝히고 소리를 지르면서 멸치를 잡는 일은 우리만의 독특한 어법이 아닐까 생각한다.[8]

『난호어목지』전어지佃漁志에는 챗배그물인 차망扠網을 소개하고 있다. 차망은 2개의 교차된 장대 끝에 소망小網을 단 어구인데 어부는 작은 배를 타고 얕은 곳으로 출어하여 이 장대를 잡고 어망을 물속에서 펼쳐 어류를 잡는다.[9] 이것은 강가에서 어민들이 물이 흐르는 쪽에 서서 물고기를 잡는 어업이 진화하여 배를 타고 밤에 불을 밝혀 잡는 챗배그물로 발전한 것으로 보인다.

『우해이어보』에서는 진해 어민 2~3명이 멸치나 뱅어, 새우와 같은 작은 물고기를 포목을 덮어씌운 대나무를 이용하여 잡는 어법을 소개한다. 이 어구를 '반대拌袋'라고 하는데 바다에서 이용

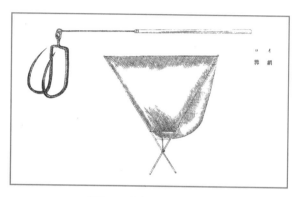

불빛으로 멸치를 잡는 챗배어업
긴 장대는 횃불을 피우는 데 사용한 쇠갈고리이다.

하는 삼태기라는 의미이며, 얕은 물가에서 사용하였다.

말총 끈이나 갈포葛布로 만든 가는 새끼줄, 혹은 삼베실로 가로와 세로의 구멍 사이에 쌀알이 들어갈 정도로 포목을 짠다. 그리고 대나무 조각으로 우리를 만들어서 짜놓은 포목으로 그것을 덮어씌워 자루를 만든다. 이것은 대나무로 엮은 통桶과 같다고 하여 '반대拌袋'라고 한다. 어떤 것은 양쪽을 긴 대나무로 덮어씌운다. 이것은 농가에서 흙을 마주 드는 도구와 같다고 해서 '여반대輿拌袋'라고도 한다. 또 어떤 것은 대나무로 높다란 우리를 만든다. 이것은 삼태기[畚]와 같다고 해서 '소고반대小高拌袋'라고도 한다. 바닷가 사람들의 방언에 삼태기를 소고小高라고 하는데 '머리 쪽이 낮고 꼬리 쪽이 높다'는 말이다. 모두 얕은 물가에서 사용한다.

어떤 것은 두레박줄로 활차[轆轤]처럼 만들기도 한다. 이것은 '녹로반대[轆轤抾袋]'라고 한다. 또 어떤 것은 대나무로 평평한 우리를 만들고 긴 장대를 묶어 놓는다. 이것은 고추잠자리가 붙은 장대와 같다고 하여 '장간반대[長竿抾袋]'라고 한다. 이것들은 모두 깊은 물에서 사용하고 작은 물고기들을 잡는다.[10]

흔히, 강가나 하천에서 혼자서 또는 두 사람이 양쪽에서 그물을 씌운 대를 붙잡고 물고기를 잡는다. 얕은 곳에서는 반두와 족대로, 깊은 물가에서는 장대와 같은 긴 나무가 달린 사둘을 이용하였는데 많은 물고기를 올릴 때에는 도르래를 이용하였다.

1801년 신유사옥으로 흑산도로 유배 간 정약전도 이러한 어업 방식을 『자산어보』에 적고 있다. "밤에 어부들은 불을 밝히고 (멸치를) 유인하여 함정에 이르면 손그물로 떠서 잡는다." 이처럼 흑산도에서는 어부 두세 명이 불을 밝힌 배를 타고 해질녘에 어장에 도착하여 멸치를 군집시키고 유도하면서 당망[擡網]과 같은 손그물로 떠서 잡았다. "횃불을 밝혀 멸치 떼를 모은 다음 뱃전에서 몽둥이로 두들기고 발을 굴리고 소리를 마구 질렀다."[11] 『한국수산지』에서 소개한 챗배어업의 조업 광경도 『자산어보』와 다를 바 없었다. 챗배어업 방식은 100년이 지나서도 흑산도에서 지

조선에서 멸치는 어떻게 잡았을까?

속되고 있었다.

정약전과 거의 같은 시기 경남 진해에서도 "어두운 때 조수潮水가 솟구쳐 오르는 곳에 가서 멸치를 삼태기로 떠서 잡았다", "어두울 때 반두나 사둘로 떠서 잡았다"고 적고 있지만[12] 불을 사용했다는 기록이 없어 불을 밝혀 멸치를 잡는 일이 일반적이었는지는 확실치 않다. 그러나 같은 시기 거문도 학자 김류金瀏, 1814~1884의 『귤은제문집橘隱齊文集』에서는 "큰소리로 물고기를 꾸짖으며 어망을 설치하는데 어획 성과는 전적으로 등燈을 잘 돌리는 데 있다"고 하였다.[13] 이처럼 거문도에서는 멸치잡이를 하는 데 "등을 돌려" 불을 써 멸치를 잡았다.

이처럼 19세기 추자도, 흑산도, 거문도의 남해안 도서 지역에서는 밤에 불을 밝혀 소리를 지르며 멸치를 잡는 챗배어업이 전개되고 있었다.

❧ ❧
바다에서 펼치는 챗배의 난타 공연

일제강점기에도 챗배어업은 우리나라 연안에서 지속되었다. 빛과 소리를 이용하는 방식도 그대로였다. 조업이 있는 날 멸치 어장에서는 시끌벅적한 큰 소동이 벌어졌다. 해가 지고 어둑어

둑한 밤이 되면 여기저기서 멸치잡이 배들이 횃불을 밝히고 어장으로 나간다. 추자도 어민은 멸치를 발견했을 때 "멸치 많이 있네. 오늘은 만선시키세. 해가 졌으니 자~ 불 써라~ 다~ 썼오. 어허여 어여어 어여어~ 어허여 어여어 어여어~" 하는 노래를 불렀다.[14]

그물을 내리고 그물을 올릴 때가 되면 여기저기서 갑자기 우레와 같은 고함 소리가 나고 뱃전을 몽둥이로 두들기고, 발로 배 바닥을 쿵쿵 차고, 북과 징까지 동원하여 큰 소리를 낸다. 한바탕 난타극이 벌어지는 것이다.

이러한 어민들의 모습은 멸치를 잡기 전의 어떤 퍼포먼스나 풍어를 기원하는 의식적인 행동이 아니다. 멸치의 습성을 알고 멸치를 쫓아 잡으려는 멸치잡이의 필사적인 노력이다. 멸치어민들은 횃불과 큰 소리로 멸치를 위협하고 혼비백산이 되어 방향 감각을 잃어버린 멸치가 우왕좌왕하면 큰 소리를 질러 멸치를 수면 위로 불러낸다.

1929년 7월 말 일본인 음악 연구가 이시카와 요시카즈石川義一는 제주도 여행길에 들린 추자도에서 챗배어업 광경을 보게 되었다. 멸치 조업 과정에서 내는 요란한 소리를 듣고 감격하여 이 소리가 '미래파' 음악이라고 표현하였다. 추자도에서 목격된 멸치 어로 과정에서 어민들은 통소, 석유 통 네댓 개, 큰 북과 작은

북 두세 개를 이용하여 소리를 내었는데 '사람이 낼 수 있는 가장 큰 소리'라며 흥분하였던 것이다. 또한 이 소리가 조선 음악의 미래이며 아주 중요한 음악적 가치가 있음을 주장하였다.

(추자도 멸치어장에서 들은 요란한 소리는) 태어나 처음 듣는 음악이라 당황하였다. 그 음악이란 인간이 낼 수 있는 최대한의 소음을 내는 것이다. …… 잠시 듣고 있노라면 소음으로 귀가 먹을 지경이다. 선원도 선객도 불쾌한 표정으로 듣고 있다. 그러나 나에게는 불쾌한 기분은 조금도 없었을 뿐만 아니라 미래파의 음악이 처음으로 이해되었다. 실은 이때까지 미래파의 음악을 연구하여 보았으나 아무래도 이해할 수 없었는데 우연히 추자도의 멸치 쫓는 음악을 듣고 비로소 이해가는 점이 있었다. …… 아무튼 이 음악은 인간이 낼 수 있는 최대한의 큰 소음이다. 보통 음악의 관점에서 보면 미친 짓 같은 음악, 아니 단순히 소음을 내는 것일 뿐이다. 그러나 그 내용을 상세히 주의하여 보면 거기에는 여러 가지 점에서 우리들 음악 연구가들에게 중요한 가치가 있다고 생각한다.[15]

바다 위에서 큰 소리를 지르고 발을 쿵쿵 차고 무작정 두들기지만 가락이 있고 흥이 있는 챗배어업은 한국적인 퍼포먼스 '난타' 공연과 통한다. 공연을 하는 장소는 바다이고 멸치를 불러 모으기 위한 '난타' 음악은 박자와 리듬을 떠난 소리의 창출이었다. 이 무질서한 소리 내기에서 새로운 미래 음악의 영감을 받은 이시카와 요시카즈는 한국 음악의 미래를 예견하였고 미래의 소리에 귀를 기울였다.

이처럼 우리의 전통 어업에는 재미와 흥과 놀이가 숨어 있다. 잔치 분위기를 연출하는 축제의 장으로 함께 큰 소리를 내고 불놀이까지 벌이는 놀이 공간으로 멸치잡이가 지속되었다. 챗배어업은 이제 현대적 어업으로 발전하여 제주도를 비롯하여 부산과 남해안에서 이어지고 있다.

부록 03

한강의 잉어잡이

조선시대 한강은 왕실 및 서민의 식량 공급처로 붕어, 잉어, 웅어, 숭어가 많이 잡혔다. 특히 겨울철 한강의 잉어잡이는 살아 있는 생선을 맛볼 수 있는 특별한 기회로 서민들에게는 큰 의미가 있었다. 겨울철 한강에서는 관에서 어장 독점권을 구입한 영좌領座 또는 영수領首라는 자본가가 어장을 개설하였다. 이들이 낚시터를 개설하면, 낚시꾼은 입장료를 치르고 자리를 얻었고 썰매처럼 생긴 좌판에 요를 깔고 얼음을 뚫어 잉어를 낚아 올렸다.

한편 영좌 또는 영수는 직접 사람을 부려 그물로 잉어를 대량 포획하였다. 얼음 밑으로 그물을 치고 수백 명의 몰이꾼들을 동원하여 통나무로 얼음을 꽝꽝 두들기면서 잉어를 깨우는 그물어업을 한 것이다. 겨울철 한강에서는 여기저기서 "잡았다", "잡혔다" 하는 낚시꾼과 어민들의 함성이 들려왔다.[16]

한강에서 잉어잡이를 하는 모습

이와 비슷한 겨울철 고기잡이가 중국의 동북 지방에서도 이루어진다. 그곳의 겨울에도 호숫가에서는 말을 동원하여 길이가 2킬로미터에 이르는 긴 그물로 고기를 끌어올린다. 한강에서 낚시꾼이 하던 일을 말이 대신하는 것이다. 수백 명이 힘을 모아 그물을 끌어올리던 한강의 잉어잡이는 겨울철 축제의 한마당이었다. 서울의 낚시꾼들은 즐겁고 설레는 마음으로 겨울철 잉어잡이를 기다렸다.

80 ◁

모래사장을 이용한 후릿그물

동해안에서는 모래사장을 이용한 후릿그물어업이 발달했다.

근대의 멸치, 제국의 멸치

후릿그물은 희리그물 또는 지예망地曳網이라고도 한다. 그물의 한쪽 줄을 육지에 두고 배로 어군을 포위한 뒤에 상륙하여 좌우에서 그물을 잡아당기는 식으로 조업하였다. 포획부가 모래사장 가까이에 오면 네댓 명의 어부가 물속에 들어가 그물이 뜨지 않게 그물 자락을 밟고 어망을 당겨 안에 든 멸치를 잡았다. 어망 속에 든 물고기가 너무 많아 끌어들이기 어려울 때에는 별도로 소형 끌그물을 사용하여 여러 번 나누어 어획하였다. 그러한 대어군이 어망 속에 들었을 때에는 멸치가 서로 눌려 폐사하여 바다 밑에 침강하는 일이 잦아 해지는 은백색으로 뒤덮이곤 하였다.

이처럼 후릿그물로 물고기를 잡으면 방어, 고등어, 갈치, 멸치도 함께 어획된다. 서유구의 『난호어목지』에서는 후릿그물로 방

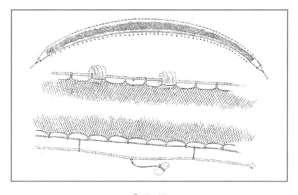

후릿그물
위는 후릿그물 전체 모습, 아래는 망을 펼친 모습이다.

조선에서 멸치는 어떻게 잡았을까?

어를 잡는데 그 속에 멸치도 많았다고 하였다. 19세기 중반 강원도 연안에는 상당히 많은 멸치가 연안 가까이로 내습하였음을 알 수 있다.

동해에서 나는 멸치는 매양 방어에 쫓겨 크게 몰려오는데 그 기세가 풍도風濤와 같다. 어부는 이를 보고 방어가 내유한 것을 알고 즉시 대망을 사용하여 이를 포위하여 잡는다.[17]

구한말 강원도에서는 일본에서 수입한 면사를 이용한 소형 후릿그물이 멸치 전용어구로 발전하였다.

༄ ༅
강원도 어민의 행복한 비명

일제강점기 강원도에서는 사흘 밤낮으로 멸치를 퍼낼 정도로 멸치가 많이 잡혔다. 멸치어장으로 알려진 강원 고성군 간성읍 동호리에서는 멸치를 퍼내면서 '메레치가 죽어야 내가 산다'는 멸치 후릿그물 노래를 불렀다.

산지가 산지다 / 우리야 동무들 / 잘두나 하구나

여싼자

동지야 섣날에 / 기나긴 밤에 / 님두나 안 온다

으여싼자

메레치가야 / 죽어야지만 / 내가야 산다

에싼자

동지나 섣날에 / 기나긴 밤에 / 마누라 생각 / 저절로 나구나

여싼자[18]

동호리에서는 5~7월, 9~10월 사이에 멸치가 연안 가까이로 들어왔다. 이때가 되면 망쟁이는 하루 종일 산 위에서 바다 표면을 주시하고 멸치 떼를 관찰한다. 멸치 떼가 표층에 떠 있으면 까맣게 보이거나 그 주위로 바닷새가 몰려든다. 때로는 멸치가 수면 위로 뛰어오르거나 기포가 올라오는 변화가 관찰된다. 기포는 멸치의 부레에서 나온 것이다. 망쟁이는 가는 눈으로 바다 위를 주시하여 군집의 크기와 색깔로서 규모를 가늠하였고 기포가 나오는 방향에서 이동 방향을 판단하였다.

망쟁이가 산 위에서 멸치 떼를 확인하면 큰 소리로 사람들을 불러 모았다. "나오너라! 멸치 떼가 들어왔다, 나오너라!"는 망쟁이의 고함 소리에 밭일을 하던 사람들이 서둘러 바다로 갔다. 멸치를 잡을 수 있는 거리는 해안에서 약 100미터, 깊이는 30미터

정도였다고 한다.

조업 지휘도 망쟁이의 몫이다. 망쟁이는 산 위에서 빨간색 깃대로 지시를 한다. 망쟁이가 깃대를 바닥에 두 번 탁탁 치면 '아구 떨어라그물을 놓아라'라는 신호이고, 깃대를 번쩍 들고 세우면 '좀 더 바다로 가라', 깃대를 오른쪽으로 돌리면 '에워싸라', 깃대를 돌리면 '돌아와라'라는 뜻이다. 뭍에 있던 어민들은 망쟁이의 수신호를 받으면서 그물을 당기기 시작한다. 이러한 작업에 소요되는 어민은 14~15명 정도였다.

어민들은 망쟁이의 신호를 매우 주시하였다. 만약 어민과 망쟁이 사이에 수신호가 맞지 않으면 멸치가 도망가는 것은 물론이고 배가 파손되거나 목숨까지 잃을 수 있기 때문이다. 따라서 망쟁이는 멸치가 아무리 해안 가까이 와도 바람이 역방향으로 불거나 기상 조건이 맞지 않으면 어업 지시를 내리지 않았다.

후릿그물에서 멸치를 퍼낼 때에는 '산대'라는 도구를 이용했다. 멸치를 퍼내는 일에만 사흘 밤낮이 걸릴 만큼 강원도 양양 동호리에서는 많은 멸치가 어획되었다. 그리고 어민들은 고단한 멸치잡이를 "메레치가 죽어야 내가 산다"라고 노래하였다.

제주 지형을 이용한 돌살어업

제주에서는 연안에 몰려오는 멸치를 가두어 잡는 돌살어업, 일명 '원原', 또는 '원담圓垣'이 발달하였다.『신증동국여지승람』토산조에서 제주는 "산이 험하고 바다가 깊어 망을 설치하지 않고 물고기는 낚시나 작살로 잡는다"라고 하였다. 이형상李衡祥, 1653~1733의『남환박물南宦博物』1702은 제주 바다는 "바다 밑은 돌이고, 또한 썰물이 머무는 곳이 없어 어망을 설치하지 못한다"라고 하였다.[19] 지리적 조건에서 오는 차이가 다른 조선 어장과 어법에서 차이를 만들어낸 것이다.

제주의 어민들은 외해에서 들어오는 파도를 피할 수 있는 지형적 조건을 이용하여 돌살을 설치하였다. 돌살은 보통 지름 30센티미터의 돌덩어리를 폭 60~90센티미터로 쌓는데 완내에 돌출한 암초를 측벽으로 하고 종행으로 석제를 쌓아 마치 여러 개의 저수지가 연결되어 있는 모습을 띠었다. 제주 돌살은 물이 빠지는 중심점이 없고 고기가 모이는 주머니포획부가 없다는 것이 특징이다. 멸치는 물이 모두 빠지기 전에 족바지로 건져냈기 때문이다. 멸치가 들어오면 남녀노소가 광주리를 짊어지고 그물을 메고 들어가 크고 둥그런 국자 모양의 족바지로 멸치를 건져냈고,

61

제주 산지천 주변에 있는 원담과 떼배

잡은 멸치를 광주리에 넣고 말린 다음 일본 상인에게 판매하였다.

돌살어장은 마을 공유어장이었으나 멸치어업이 발달하면서 개인이 축조하여 관리하기도 하였다. 관리자는 멸치가 많이 들어오면 소유권을 행사하였고 평상시에는 다른 사람이 잡아가도 관여하지 않았다. 돌살은 공유 재산이라는 전통 의식이 남아 있었기 때문이다.

부록 04

사천만 죽방렴 멸치어업

경남 남해군 지족해협과 사천만 주변에는 대나무나 나무로 어망을 고정하는 어전魚箭어업의 일종인 죽방렴竹防廉 수십 개가 여전히 조업 중이다. 이곳은 수심이 깊지 않으면서 수역이 좁고 유속이 빨라 죽방렴 설치에 적당하다. 죽방렴은 물살이 빠른 곳에 조류가 흘러오는 쪽을 향해 부채꼴 모양으로 일정하게 말목을 박고 대발을 둘러쳐 물살에 따라 들어온 물고기를 잡는다.

1496년예종 원년 『경상도속찬지리지慶尙道續撰地理志』에는 "방전防箭에서 조기, 홍어, 문어가 산출된다"고 하였다. 이 방전이 죽방렴이다.[20] 지금은 자원 고갈로 가장 작은 물고기인 멸치를 어획하는 전용 어구가 되었으나 19세기 초에는 사천만 주변에 160여 개의 죽방렴이 운용되었다고 한다. 현재는 20여 개쯤 남아 있을 뿐이다.

사천만 죽방렴에서는 거의 연중 멸치를 잡는데 '실치', '시레기'라는 멸치를 생산한다. 이 가운데 한 달쯤 자란 멸치를 '중사리'라고 하는데 윤택이 나고 맛도 좋아 고가로 판매된다. 9월 이후 기름이 차고 품질이 떨어지면 젓갈용으로 가공된다.[21]

죽방렴어장에서는 물때에 맞춰 하루에 두 번 멸치를 거둔다.

죽방렴에서 어획되는 물고기들
삼천포 죽방렴에서 어획된 새우, 오징어, 갈치와 멸치, 밴댕이

1. 사천만에 설치된 죽방렴 전경

2. 죽방렴에서 멸치를 꺼내는 광경

3. 갓 잡은 멸치를 운반하는 과정

4. 멸치 삶을 준비를 하는 모습

5. 멸치를 삶는 광경

6. 멸치를 삶아 물을 빼는 과정

7. 멸치를 말리는 모습

8. 건조가 끝난 멸치

어장 간 배가 돌아올 시간이 되면 물을 끓여 멸치 제조를 준비한다. 멸치 가공에 단 1분의 시간도 허비하거나 지체하지 않는 것이 좋은 제품을 만드는 관건이다. 신선도가 떨어지면 비늘이 떨어지고 윤기가 사라져 좋은 가격에 팔 수 없기 때문이다. 자연의 순리를 거스르지 않는 죽방멸치는 반짝거리는 은백색을 띠고 크기도 적당하여 온갖 정성으로 포장된다.

3

일본 어민은 왜
조선 바다로
건너왔을까?

조선 어장은 지리적 조건이나 어획물의 종류가 일본 어장과 비슷하여 일본 어민은 늘 확장을 꿈꾸었다. 조선 어장에는 일본 시장에서 고가로 판매되던 도미, 삼치, 상어(지느러미), 전복, 삼치, 멸치 자원이 남아 있었고 일본과 쉽게 왕래할 수 있는 거리에 있었기 때문에 특히 서남해 지역 일본 어민들은 조선 영해로 진출을 노리고 있었다. 「강화도조약」1876이 체결된 이후 양국 간의 통상 관계를 규정한 「조일통상장정朝日通常章程」1883이 조인되면서, 조선 정부는 전라·경상·강원·함경 4도 영해를 일본 어민에게 공식적으로 내어준 셈이 되었다. 일본의 멸치어민은 멸치어장을 찾아 조선의 바다로 진출하였고 진해만을 중심으로 한 남해안 지역에 일본인 멸치 어업근거지를 형성하였다. 이 장에서는 히

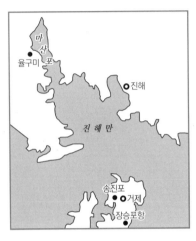

진해만

로시마현廣島縣 어민들이 진출한 진해만과 에히메현愛媛縣 어민들이 정착한 거제도 구조라를 중심으로 인본인 어업근거지의 실상을 살펴보고자 한다.

🙰 🙳
일본 농가를 살리는 멸치

일본은 땅의 지력을 높이는 방법으로 멸치나 정어리를 어비魚肥로 이용하였다. 우리나라에서는 분뇨에 풀, 재, 진흙, 참깨, 콩껍질, 버드나무가지 등을 섞어 거름을 만들었지만, 일본에서는

근대의 멸치, 제국의 멸치

멸치, 조개류나 동물의 뼈, 콩 · 정어리 · 청어 찌꺼기 등 다양한 재료를 사용하였다. 말린 멸치는 부수어 재나 분뇨와 함께 섞어 밭에 뿌리고 정어리와 청어는 삶아 압착한 후 밭에 뿌리는 식이었다.

일본의 어비 사용은 17세기 무렵 교토京都를 포함한 간사이關西, 세토나이瀨戶 주변히로시마, 오카야마, 가가와, 오사카 농촌에서 증가하였는데 19세기에는 전국으로 확대되었다. 거름 주는 철이 되면 집산지 오사카로 멸치를 실은 배가 이어졌고 농업을 중시하던 막부幕府는 어비 사용을 적극 권장하였다. 이렇게 일본에서는 멸치가 '벼를 키우는 물고기'로 대접받았고 농업의 생산성을 높이는 부수적인 형태로 전개되었다.[1]

따라서 에도江戶시대 일본의 멸치어업은 번주藩主의 허가하에 이루어졌다. 새롭게 개척된 마을이라도 어장 이용을 바로 허가하지 않고 철저히 통제하였으며 그 권한 또한 지역 지주나 유력자가 독점적으로 세습하였다. 멸치는 주로 어군을 연안으로 끌고 오는 대형의 후릿그물을 이용했던 만큼 많은 노동력이 필요하였고 지주는 봄가을의 농한기에 농민을 이용하여 멸치어업을 하였다. 이들은 절대적 충성을 약속한다는 의미에서 친자親子라는 신분적 종속관계로 유지되었다.[2] 지주는 농민에 토지를 대여하여 노동력을 확보하였고 농민은 자신들이 생산한 어비를 분배

받는, 서로가 필요로 하는 관계를 신분적으로 맺었던 것이다.

에도시대 어비는 오사카와 교토를 중심으로 한 도시 부근에서 많이 이용되었다. 이곳의 멸치 사용량은 연간 50만 석1石=278리터을 훨씬 넘었는데 세츠攝津, 오사카부 북서부와 효고현 동남부, 이즈미和泉, 오사카부 동남부, 긴키近畿와 오와리尾張, 나고야, 미카와三河, 아이치현 인근 어촌에서 공급하였다. 멸치 흉년이 든 18세기 초반에는 여러 차례 농민 봉기가 일어났다. 일본 농서『성형도설成形図説』은 "기근은 멸치가 남아 있지 않는 것"이라며 멸치의 흉어가 봉기를 불러왔다고 적었다. 이렇듯 '값싼 멸치를 대량으로 공급하는 것'이 일본 어업의 발전 방향이었다.[3]

메이지明治시대에는 산업화와 도시화의 진전으로 쌀을 비롯한 상업적 상품의 수요가 폭발적으로 증가하였으나 멸치 생산량은 정체하거나 감소하였다. 연안 어장의 쇠퇴와 멸치 회유량 감소로 어민들은 어장을 찾아 조선 어장으로 진출하였고 일본 상인들은 조선인 어민에게 자본을 투자하여 멸치비료를 확보하였다.

현해탄을 건너온 일본 어민

일본 어민이 조선 어장에 진출한 기록은 1800년대로 거슬러 올라간다. 히로시마현 사카촌의 공식 기록에는 사카촌 어민이 대마도 부근에서 도미어업을 하던 중 "맑은 날 거센 파도 저 멀리 누워 있는 조선에 가고 싶은 욕망이 강해져" 부산으로 건너갔다고 전한다. 이들은 조선과 가까운 지역에서 어업을 하다가 자원이 풍부한 미개척의 조선 어장을 알게 된 것이다.[4]

일본 어민의 진출 시기는 다른 문헌에서도 비슷하게 보고한다. 『조선통어사정朝鮮通漁事情』에 의하면 히로시마현 어민의 조선 어장 진출은 1833년경이라고 했다.[5] 요시다 게이찌吉田敬市의 『조선수산개발사朝鮮水産開發史』에서는 1800년 전후 일본 어민이 조선 측 어장으로 진출했다고 적고 있다. 메이지유신 이전1867에는 일본인의 해외 도항이 금지되었지만, 일본 어민은 대마도 조업을 핑계로 조선 연해로 진출하고 있었다.[6]

19세기 일본은 어업이나 상업적 목적을 띠고 밀항, 밀어의 형태로 조선 어장을 왕래하다가 조선 개항과 함께 어장 이용을 본격화하였다. 조선과 가까운 히로시마현과 야마구치현山口縣 출신 어민은 몰래 국경을 넘을 정도로 조선 어장을 노리고 있었기 때문에 1883년 「조일통상장정」이 체결되자 "서로 경쟁하듯이 조선 근해로 출어"하였다.(〈부록 05〉 참조)[7]

조선 어장에서 멸치어업을 시도하여 기록에 남은 어민으로는 히로시마현 사카촌 출신의 하마오카 슈스케濱岡周助와 미노루 마다시치三登定七가 있다. 이들은 1800년대 초반부터 대마도를 왕래하면서 조선 어장을 알았고 개항 직후 부산으로 건너가 도미망 어업을 시도하다가 멸치어업으로 전환하였다.[8] 그러나 히로시마현 어민들은 일찍이 부산 주변 연해의 깊이와 조류, 기타 어업에 필요한 사항을 조사하였고, 1878년 통역인을 고용하여 경상도, 전라도, 충청도, 경기도 연안까지 탐사 지역을 넓히는 등 조선 어장에 큰 관심을 보였다. 1880년대 사카촌 출신의 도미망 어민 256명, 운반선을 포함한 어선 총 64척, 도미망 16조가 기다렸다는 듯이 조선 어장으로 진출한 것이다.[9]

부록 05

일본의 독도 영유권 주장과 나카이 요자부로

일본은 "울릉도를 건너갈 때 정박장 또는 어채지로 독도를 이용하여 늦어도 조일 간 울릉도를 둘러싼 영유권 분쟁인 '울릉도 경계1693~1699'가 발생하기 이전에 독도 영유권을 확립했다"고 일본 외무성 팸플릿 『다케시마 문제를 이해하기 위한 10가지 포인트』에서 주장하고 있다. 일본 막부가 '죽도도해금지령1696'을 내려 울릉도 도항을 금지하였지만 독도 도항은 금지하지 않았다는 것이다. 이 주장의 유력한 근거는 1836년 울릉도로 밀항한 이마즈야 하치에몬今津屋八右衛門의 심문 기록을 정리한 「덴포다케시마일건天保竹島

一件」이라는 문서다. 이 문서는 이마즈야 하치에몬이 하마다번浜田藩 관리와 결탁하여 울릉도 산물을 제멋대로 채취하고 밀수하다가 발각되었으며 심문 과정에서 "가까운 독도로 도항한다는 명목으로 울릉도로 도항했다"는 진술을 적고 있다. 이 진술을 두고 일본은 당시의 일본인이 독도를 일본 영토로 인식했다는 증거라고 주장하는 것이다.[10] 그러나 이러한 주장에도 불구하고 막부는 울릉도로 도항한 이마즈야 하치에몬을 처형하였고 독도를 한국 땅으로 인정하여 그것을 명시한 지도를 그렸다. 일본은 독도가 조선 영토임을 인정하여 하치에몬을 처형하였던 것이다.

그러나 1905년 러일전쟁 중 일본은 각의결정으로 독도가 '주인 없는 섬' 즉 무주지라고 주장하며 일본 영토로 편입하였다. 1903년부터 독도에 진출한 강치어민 나카이 요자부로中井養三郎의 어업 활동을 근거로 일본 영토로 편입한 것이다.

독도 연해의 주 어획 대상은 강치였다. 강치잡이는 고래잡이와 같은 포유류 어업으로 포획한 강치를 처리·가공할 기지를 필요로 한다. 울릉도인들은 울릉도로 운반하여 가공하였으나 오키섬을 근거지로 한 일본 어민은 울릉도를 근거지로 사용하기가 어려웠기 때문에 원활한 조업을 위해 제조장 설치가 요구되었다. 강치를 잡아 부패하기 전에 신선한 기름과 가죽, 고기를 얻으려면 기지가 필요했고 이를 위해서는 조선 정부의 특허特許인 조차지 허가권이 필요했다.

「조일통상장정」제41관의 시행세칙 성격을 띤 전문 12개조의 「조선일본양국통어장정朝鮮日本兩國通漁章程, 통어장정1889은 양국이 정한 해빈海濱 3리 이내에 출어하는 어민에 대한 통어 수속, 어업세, 포경 특허, 벌칙 등을 정하고 있다. 「통어장정」 4조에 포경 특허에 관한 규정이 나오는데 "양국 어선은 어업 준단催單을 영유했다 하더라도 특준特准을 받지 않으면 양국 해빈 3리 이내에서 고래[鯨鯢]를 포획할 수 없다"는 것이다.

독도는 개항장도 아니고 울릉도와도 멀리 떨어진 무인도였으므로 일본 어민이 자유롭게 어업을 하거나 울릉도인과 함께 동업을 하는 것은 아무런 문제가 없었지만, 대규모 사업을 지향하는 나카이 요자부로에게는 울릉도를 근거지로 한 울릉도인의 어업이 위협의 대상이었다. 울릉도인들이 어장을 선점해버리면 자신의 사업 계획이 수포로 돌아가기 때문에 먼저 한국 정부에 어업허가권을 제출하여 어업독점권을 확보하려고 하였다. 나카이 요자부로는 일본 해군성이 발행한 『조선전안朝鮮全岸』 지도와 수로지를 참고하여 독도가 조선 어장인 것을 확인하였고 마키 나오마사牧朴真 농상무성 국장에게 그 이용 방법을 문의하였다. 그러나 마키는 "한국 영토가 아닐 것이다"라고 대답하고 『조선전안』 발행 책임자인 해군성 수로부장 기모쓰키 가네유키肝付兼行를 소개하였다.

이후 잘 알려진 것처럼, 기모쓰키 가네유키는 나카이에게 독도가 '확실한 증거'가 없는 무소속 섬이라고 알려주었고 일본에 영토편입원을 하도록 사주하였다. 나카이가 독도 어장을 독점한다는 조건도 붙었다.[11] 이렇게 일본은 17세기 영유권 확립을 주장하면서 다른 한편으로는 무주지 독도를 편입하는 모순된 행동을 하고 있다. 그러나 실상은 「통어장정」에 근거한 일본인들의 조선 어장 침략이었고 독도에서 일본 어민의 불법적 어업이 자행되는 가운데 일본 관료가 일본 어민을 내세워 이뤄진 독도 침탈이었다.

도미에서 멸치로 눈을 돌린 일본 어민들

개항기 일본 어민은 경사스러운 날 축하 음식으로 이용되는 고급 어종인 도미에 주목하였다. 도미망을 한번 던지면 1만 마리가 잡힐 만큼 조선 어장에는 도미가 넘쳐났지만 일본 시장으로 운반하는 일이 쉽지 않았다. 기상 조건이 좋지 않아 일본으로 가져가지 못할 때에는 조선 시장에 내다 팔았으나 이 과정에서 조선 상인과 싸움이 자주 일어났다.

어장에서 일본인 어획물을 구입하는 조선의 장삿배는 말이 통하지 않았으므로 일본 어민의 "안색과 호흡 고저"를 보고 가격을 판단하는 정도였다. 일본 어민의 호흡이 거칠어지고 안색이 변할 때마다 가격을 흥정하는 식이었다. 그리고는 해가 져서 어류가 부패될 시기를 걱정하는 때를 노려 구입하였다. 일본 시장에서는 어류의 신선도가 가격을 결정하는 기준이 되었지만 조선 시장에서는 선도와 관계없이 거래되던 관행을 구매에 유리하게 이용한 것이다.[12]

일본 어민은 장삿배와 한전韓錢으로 거래하였고 개항장의 한전 수탁소에서 일본 돈으로 환전하여 귀국하였다. 당시 조선 정부는 재정 파탄을 막기 위해 화폐 발행을 남발했는데, 매년 한전의 실질적 가치가 급격히 내려갔고 물가는 상승하고 있었다. 일본 상인은 이러한 사정을 이용하여 값싼 조선 농산물을 대량으로 일본에 수출하여 폭리를 얻고 있었으나 일본 어민들은 도미를 넘기는 대가로 한전을 받았기 때문에 환전에서 오는 화폐의 가치 하락으로 이익이 적었다.[13] 조선의 어류 유통망을 이용하는 한 자신들의 어획물을 헐값에 팔수밖에 없었다.

조선 시장을 상대로 선어 판매의 어려움을 알게 된 일본 어민은 눈을 돌려 진해만의 멸치어장에 시선을 두었다. 특히 "진해만, 거제도, 욕지도 근해는 정어리와 멸치의 회유가 많다"고 기록될 정도로 남해안 최대의 멸치어장이었다. 여기서 잡히는 멸치들은 2~4센티미터 크기의 작은 멸치였는데 모두 비싼 값에 팔렸다. 이러한 이유로 1895년 조선 어장으로 진출한 일본인 멸치 어선은 190척, 어민은 1,249명으로 멸치어업이 일본 전체 출어 어선의 약 23퍼센트, 어민의 38퍼센트를 차지하였다. 1890년대 일본 어민 셋 중 하나는 멸치어업에 종사하고 있었다.[14]

멸치는 도미와는 달리 건조된 상태로 수출하였으므로 부패의 우려가 적었다. 날씨에 영향을 받지 않고 일본 시장으로 내다팔 수 있었기 때문에 일본 어민들은 멸치어업으로 더 눈길을 돌리게 된 것이다. 멸치 어민들은 한 선단에 수십 명이 동원되는 어업을 일관된 조직 체계로 운영되면서 조선 어장으로 진출하였다.

1900년대 남해안에는 이미 수십 개의 일본인 멸치 어업근거지가 설립되고 있었다.

☜ ☞
진해만, 일본인 멸치어업의 최초 근거지

1900년대 조선 어장에서 일본인 최대 어업은 멸치어업이다. 진해만은 멸치의 산란장으로 일본 시장과 가깝고 멸치 품질이 우수하여 일본인 어업의 '꽃'이라고 불릴 정도로 많은 일본인들이 거주했다. 1908년 진해만 부근에서 조업하는 일본인 멸치망은 100조, 종사자만도 약 3,000명이었다. 이 가운데 70퍼센트가 히로시마현 출신이다. 진해만의 일본인 멸치어업은 7~11월, 만 바깥에서는 5월부터 이듬해 1월까지 히로시마현 출신 어민에 의해 이루어졌다.

히로시마현 어민들이 사용한 어구는 예망曳網, 어구를 수평 방향으로 일정하게 끌어서 어획하는 그물의 하나인 권현망權縣網으로 히로시마현 아키군安藝郡에서 발달한 어업이다.[15] 권현망은 후릿그물과 마찬가지로 연안 가까이로 어구를 끌어올렸지만 육지에서 조업하지 않고 바다에서 어구를 들어 올리는 대형 어업이었다. 권현망 조업은 조류가 급한 곳에서는 어망이 부서지기 때문에 조류가 완만

한 경상도 마산과 진해, 거제도가 조업지로 가장 적당하였다.

1902년 진해만 및 거제도의 일본인 멸치어업 근거지는 수창포 1곳, 모도 4곳, 귀복도 2곳, 저도 5곳, 주도 1곳, 매정포 2곳, 남촌포 3곳, 칠천도 7곳, 구조라 5곳, 부도 2곳 총 34개소였다.[16] 이곳에서는 히로시마현 출신 어업경영자 29명, 에히메현愛媛縣 출신 어업경영자 5명 총 34명과 어선 198척에 어민 993명이 멸치어업에 종사하였다. 이들은 "밤낮을 가리지 않고" 투망을 하여 멸치어장을 남획하다시피 했다. 결국 진해만 멸치어장은 자원이 고갈되었고 일본인 어민들은 "재산을 탕진하여 어려움에 처한 자가 하나둘이 아니다"라고 할 정도로 쇠락해갔다. 진해만은 영고성쇠의 변화를 겪었지만, 한때는 일본인 멸치어업의 중심지였다.

❧ ❧
차별받는 부락민에서 조선 어장의 지배자로

진해만 멸치어장이 히로시마현 출신 어민들에 의해 지배된 것은 많은 부락민 출신자가 멸치어장을 확보하여 어업근거지를 형성하였기 때문이다. 히로시마현에서 어장을 가지지 못한 차별받는 부락민들은 어장을 찾아 진해만 주변 어장으로 진출하였고 멸치어업에 종사하였다. 히로시마현 부락민 출신 야마노 모리히토山野守人는 매년 진해만 어장으로 출어하였는데 진해만 멸치어업은 "재미있었고 조선인과의 접촉이 많았다"고 회고하였다. 그리고 진해만에서 부락민으로서 자신들이 받았던 아픔과 차별을 조선인들

1915년 장좌에서 멸치 조업에 종사한 야마노 모리히토

에게 돌려주었다고 자신의 잘못을 반성하였다.

어느 때부터인가 조선인을 멸시하는 풍조가 일층 진행하여 일본인 전체에 없앨 수 없는 관념으로 나타났다. 가키우라에서 출발할 당시에는 일본인만이 조업하였지만 이후 현지인조선인을 고용하게 되었다. 강자와 약자, 차별과 피차별에서 여러 가지 구별이 있었다. 일본 어민의 마음속에는 차별이 있었다. 일본 사회에서 에다エタ, 요쯔ョッ, 쟈센茶セン, 신 평민, 특수 부락 등 여러 가지 명칭으로 차별받았기 때문이다. 우리들은 자신들의 아픔을 조선인을 차별하는 아픔으로 바꾸었다. 자각과 반성도 없었다.[17]

차별받는 부락민들은 멸치어장을 찾아 조선 어장으로 진출하

일본 어민은 왜 조선 바다로 건너왔을까?

였고 경제적 궁핍과 차별에서 벗어나자 '호탕한 바다의 사나이'가 되어 조선 어민 위에 군림하였다. 일본에서 이들 부락민은 상급학교로 가서 교육을 받아도 직업을 구하기 어려웠고 어민이라는 이유로 지역의 축제에도 참가하지 못했다.[18] 그런 부락민들이 조선에서는 처지가 전도되어 축제에 기부금을 내놓을 정도로 부를 누리는 지배자 위치에 서게 된다.

이 차별받는 부락민들은 에다, 요쯔라는 신분의 천민이었다. 에도시대 이들은 백정이나 갖바치와 같은 종사자로 도축이나 피혁 제조의 특권을 누리면서 생계를 유지했다. 그러나 1871년 태정관太政官 포고 제61호 「천민해방령」과 함께 군수품의 국가적 관리와 일원화에 기초하여 군화 제조의 양산 체제가 들어서면서 부락민들에게 주어진 우마 처리권, 피혁 산업의 전매권이 사라졌다. 부락민들은 천민 신분에서 해방되어 자유로운 직업 선택이 가능해졌지만, 그동안 농업이나 어업에 종사한 적이 없었고 마을 공동어장의 전용 어업권조차 인정되지 않았다. 이들은 일자리를 찾아 도시나 인근 지역으로 떠나거나 어장을 찾아 조선으로 진출하였고 진해만에서 멸치어민으로 성장하였다.

히로시마현의 아키군과 사에키군佐伯郡에서 이루어진 어촌화 과정을 연구한 미와 치토시三輪千年는 "에도시대 특정한 직업도 없이 잡업적雜業的 노동에 종사하며 차별받던 부락민들이 조선 출어

근대의 멸치, 제국의 멸치

를 경험하면서 어촌의 기반을 세우고 어업을 부락의 주요 산업으로 육성했다"는 결과를 내놓았다. 그는 히로시마현에서 대표적 차별 부락인 H어촌의 성장 과정을 다음과 같이 정리하였다.

1888년 — 청부請負 경영자 1명을 중심으로 20명의 주민들이 멸치 공동어업을 시작했지만 자본 조달과 경험·기술 미숙으로 1년 반 만에 실패함.

1891~1892년 — 타 지역 출신 어상인 겸 고리대 자본가가 주민을 고용하여 멸치망을 경영했지만 2년 후에 도산함.

1897년 — 카키우라촌柿之浦村 멸치망에 고용되어 주민들이 조선 출어를 경험함.

1911년 — 청부 멸치망의 어업경영자[請負網元]로 조선 어장에서 멸치 어업에 성공함.[19]

미와의 연구에 따르면, 차별받는 부락민은 멸치어민으로 고용되어 조선 어장으로 진출하였고 이후 부락의 지도자가 부락민들을 동원하여 멸치어업에 종사함으로써 어촌 형성의 계기를 만들었다고 한다. 이때 부락 내 자본가는 어민[網子]을 신분적으로 지배하여 노동력을 확보하고 망어법의 협업노동 체계를 구축하였다.

장좌에서 멸치어선 출어식

1920년 진해만 장좌에서 활동하는 어민은 조선인 480명, 일본인 52명으로 대부분 조선인이었지만, 히로시마현 내 부락민도 있었다. 이 부락민을 포함한 일본인들은 식사를 포함하여 월급 10~30엔, 풍어가 되면 상여금으로 30~50엔을 지급받는 조건으로 고용되었고 조선인들은 식사를 포함하여 일급 50전 내외, 월급으로 한다면 15엔의 일급근로자였다. 조선인들은 부락민과 동일한 조건에서 노동을 하면서도 상당히 적은 보수를 받고 있었다.[20] 그럼에도 조선인들은 일본인 자본가에게 승선을 부탁하면서 닭 한 마리와 계란을 가져다 바쳤다. 이러한 관행은 일본인 부락민들이 고용주에게 매년 '술 한 되와 오뎅'을 선물하던 관행이 식민지 조선 어장의 피지배민들에게도 전래된 것이다. 조선인

근대의 멸치, 제국의 멸치

어민들은 일을 얻기 위해 뇌물의 성격을 띤 선물을 일본의 관행처럼 일본인 자본가에게 상납하고 있었다.

어촌형 마을 구조라

다도해의 가장 동남쪽에 위치한 장승포, 지세포, 구조라 등은 조류에 따라서는 가장 빨리 대마도에 도착할 수 있는 곳이다. 이곳은 거제도 내에서도 대구, 청어, 광어, 멸치, 고등어, 홍합 등의 황금어장으로 유명했는데, 청일전쟁을 전후하여 에희메현 출신 어민들이 어업근거지를 건설하였다. 멸치의 주요 어장 진해만 부근이 히로시마현 출신 어민들에 의해 선점되었기 때문에 에희메현 우오시마魚島 어민들은 어장을 찾아 거제도 구조라로 진출하였다.

거제도 동남단에 위치한 구조라의 마을 명칭은 조라진의 옛 소재지라는 의미로서 '조라'는 '(목을) 조르다'의 음차音借라고 전해진다. 구조라는 일명 '항리項里'라고도 하는데 이는 마을의 형태가 장구의 목과 흡사한 데서 유래했다고 한다. 마을은 선박 접안이 용이하고 먼 바다까지 조망할 수 있는 군사적 이점으로 일찍이 구조라성이 축조되었다.

구조라 주민들은 어촌 사회가 생산하는 홍합과 해삼, 미역과 표고 등에 의지하여 생활하였고 대마도와 가깝다는 이유 때문에 조난당한 일본 배를 구조하고 그에 따른 비용을 감당하는 등 각종 세금과 잡역에 동원되었다. 사면이 바다로 둘러싸여 산이 많고 곡식이 나는 땅이 부족한 구조라 주민들의 삶은 그만큼 치열하였고 그 괴로움을 호소하는 내용은 옛 문헌에 자세히 밝혀져 있다.[21]

『고문서집성 35: 거제 구조라편』의 「항리거민등장項里居民等狀」에는 구조라 어민들이 탄원서를 제출하여 어장 이용 방법을 제안

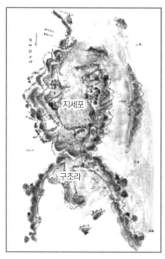

1872년 지방지도에 나타난 구조라와 지세포진

근대의 멸치, 제국의 멸치

하고 있다. 1859년 작성된 것으로 추정되는 이 탄원서에는 구조라 고기잡이 어장 13곳에 배를 가진 자가 30명이나 되어 어장 가격이 두 배나 뛰었다고 적고 있다. 따라서 선주들이 윤번제로 어장을 이용할 수 있도록 주민 20~30명이 연명하여 사도使道에게 요청하는 내용이다. 구조라는 많은 수의 선주가 있었고 어업을 생업으로 하는 어촌형 마을이었다.[22]

ଞ୍ଚ ଓଃ
우오시마 어민들의 구조라 어장 침입

우오시마 어민이 구조라에 처음 도착한 것은 1891년이었다. 구조라 주민들은 이들을 "이적夷狄"으로 보고 폭언과 돌을 던지며 상륙을 금지하였다.[23] 사흘을 기다려도 주민들이 반대하자 우오시마 어민들은 밤중에 몰래 들어와 창고를 짓고 어업을 시작하였다. 이들은 구조라인들의 계속된 반대에도 아랑곳하지 않았고 1896년에는 "한꺼번에 일의 성패를 결정하자"라며 일확천금의 꿈을 품고 어선 20척어선 1척당 멸치망 4통, 어민 120명이 대규모로 구조라에 나타났다.[24] 또다시 주민들은 창과 무기를 들고 일본인들의 상륙을 거부하였고 이웃 마을까지 가세하여 이들에 맞섰다. 부산주재 일본영사 가와우에川上는 당시의 상황을 염려하여 긴급

히 구조라에 파견되었다.[25]

일본인이 창고를 짓고 어업을 하려 하자, 주민들은 어업은 상호의 조약이므로 어쩔 수 없으나 오두막을 짓는 것은 절대로 용서할 수 없다며 300명이 죽창 깃발을 들고 왔다. (일본 어민이) 중과부적으로 도저히 싸울 수 없어 부산 영사관에 이 사정을 알렸다. 당시 영사 가와우에는 크게 동정을 하여 조선인의 반대를 물리치지 않으면 후일 큰일이 일어날 것이라며 급히 여정을 준비하고 구조라로 출발하였다.[26]

일본 어민의 연락을 받고 구조라에 도착한 영사 가와우에는

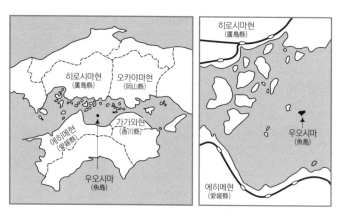

거제도 구조라에 진출한 일본 우오시마

창고는 단지 어업을 하기 위한 것으로 별다른 뜻이 없다고 주민들을 설득하였다. 일본인 어업을 둘러싼 갈등은 몇 달이나 계속되었는데, 마침내 해변에 건조 중인 멸치를 구경하던 구조라 주민들이 절도범으로 고발되면서 일단락되었다. 이 사건을 계기로 상황이 역전되어 주민들은 일본 어민에게 머리를 조아리고 방해하지 않을 것을 약속하였다.[27]

일본 어민은 무고한 주민을 절도범으로 몰아세우는 무력적이고 야비한 방법을 동원하여 구조라 주민들의 완강한 반대를 굴복시켰다. 1902년을 기준으로 구조라는 창고 7개와 어선 35척, 일본인 어민 210명이 상주하는 일본인 어업근거지로 탈바꿈하였다.[28]

ଚ୍ଚ ଓଃ
'형제의 의'와 일본인 지배 확립

일본인 차관정치가 시작되는 한일신협약 이후 1908년 구조라에서는 양국 주민의 오래된 앙금을 풀고 서로 화목하게 지낼 것을 약속하는 맹약서가 교환되었다. 구조라 주민들이 일본인들의 권력에 완전히 굴복하고 '형제의 의'를 맺은 것이다. 이 서약서에는 일본인 어업경영자[網元] 7명의 이름이 기재되어 있으며 다음과 같은 내용을 맹약하였다.

① 부인들이 왕래할 때에는 음담패설을 하지 말 것.

② 어업은 서로 융통할 것.

③ 마을 앞에서 옷을 벗고 다니지 말 것.

④ 서로 싸우지 말 것.

⑤ 소와 개를 해치지 말 것.

주민들은 일본인에게 훈도시_{팬티} 차림으로 거리를 활보하지 말 것, 여자에게 추파를 던지지 말 것, 싸움을 걸지 말 것을 요구하는 선에서 어업을 허가하였다. 또한 같은 해 구조라에는 일본인 학교와 우편소, 순사주재소, 방파제가 들어서고, 해안에는 폭

구조라인과 일본 멸치어민 간에 맺은 서약서

근대의 멸치, 제국의 멸치

약 3.6미터가 매립되어 일본인 어촌의 기반을 다지게 되었다. 그리고 1915년에는 일본인 이주자 34호144명, 1920년 42호164명가 거주하면서 멸치어장을 경영하였다. 이들은 구조라의 풍부한 어장을 이용하여 어업을 생업으로 하였고 농업을 전업으로 하는 사람은 없었다.[29]

ഇൻ ഢ

일제강점기 구조라 멸치어업의 실태

일제강점기 구조라에는 8개의 멸치어장이 있었다. 어장 한두 곳이 남아 있는 지금과 비교하면 그 당시에 얼마나 많은 멸치가 어획되었는지를 가늠할 수 있다. 말 그대로 구조라는 멸치의 황금어장이었다. 1920년 구조라의 멸치어업은 권현망과 건착망을 이용하였는데 권현망은 주간, 건착망은 야간에 쓰였다. 멸치 권현망은 10통, 멸치 건착망은 7통, 어업경영자는 10명, 어선은 50척, 어민은 380명이었는데 이 어민 380명 가운데 일본인은 10퍼센트쯤이고 나머지는 전부 구조라 주변에 거주하는 조선인이었다.[30] 구조라 어장의 어업 책임자는 일본인이었고 노동자는 거의가 조선인이었던 셈이다. 어업 활동의 구성만 보더라도, 일본인들이 구조라 주민의 어장을 독점한 것이 쉽게 드러난다.

권현망 조업에는 어업경영자를 중심으로 약 30여 명이 함께 한다.[31] 지휘 체계는 이중 체계로 총책임자인 선두와 그 밑에 2개의 망선을 지휘하는 망쟁이가 각각 있었다. 어법을 살펴보면 선두가 타고 있는 뒷배手船가 어군을 발견하면 즉시 신호기로 망선에 신호한다. 그러면 망선을 지휘하는 망쟁이는 즉시 어장을 향해 나아갔다. 망선은 선두サカミ, 左船와 마미マミ, 右船라고 불리는 2척의 어선으로 각각 10명씩 탔다. 망선은 아바アバ 노櫓, 아이アイ 노, 와끼ワキ 노, 도우ドウ 노, 도모오시トモオシ 노, 가지끼カジキ 노라고 불리는 노 6개를 저어서 움직였다. 망쟁이는 도모오시 노를 저으면서 망선을 지휘했다.

선두의 투망 신호를 받으면, 두 망선은 좌우로 나뉘어 그물을 내리는 한편, 육지에 고정해둔 끌줄引網을 선체의 도르래에 걸어 올리면서 육지로 다가갔다. 망을 올릴 때에는 각 망선의 외측에 있는 이가 끊임없이 긴 망 끝에 달린 종을 돌리면서 수면을 때려 멸치의 분산을 막았다. 그리고 나서 그물에 모인 멸치는 족대로 전마선멸치 운반선에 옮겨 담았다. 양망에는 1회에 약 1시간 반~3시간 걸리고 1일 7~8번 반복하였다.

운반선에 옮겨진 멸치는 멸치를 제조하는 간이창고에 즉시 운반되었다. 운반선이 들어오면 멸치를 큰 바구니에 나누어 실어 담았다. 몇 사람이 들고 상자에 전부 담았다고 한다. 그 옆에는

권현망 조업도

부뚜막이 있어 족두리로 멸치를 퍼 넣었다. 어장에는 멸치를 삶는 부뚜막이 여러 개 설치되어 있었는데 하나의 부뚜막에는 솥 2~3개가 걸렸다. 멸치를 끓는 소금물에 넣어 떠오르면 바로 족대로 건져 가마니 위에서 말렸다. 지금은 열 통풍으로 멸치를 건조하고 있으나 당시에는 전부 햇볕에 말렸다. 밤에 잡은 멸치는 다음 날 말렸고 만약 비가 와서 건조하지 못할 경우에는 그냥 버렸다고 한다.

제조된 멸치는 구조라에 정기적으로 입항하는 여객선 편으로 부산에 있는 일본인 멸치 중매인 조합인 부산해산상조합_{釜山海産商組合}에서 판매되었다. 이전에는 일본에 거주하는 멸치 중매인에

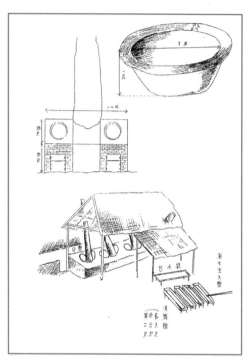

구룡포의 멸치 제조공장

게서 어업자금을 빌렸기 때문에 일본까지 운반하였으나 부산에
멸치 조합이 생기면서 자본 융통이 쉬워졌다.[32]

멸치어민의 고용 형태는 일급제였다. 일본인은 일급 80전에
서 1원 20전으로 보통 90전을 받았다. 1~2년 일하면 일급은 1원
30전으로 올랐다고 한다. 이들은 주로 우오시마 출신으로 섬에
는 도미망 외에는 일거리가 없었고 이 어업도 1~2개월이면 끝나

구조라에서 일을 하는 편이 나았다고 한다. 조선인은 40전~1원으로 보통 60전을 받았다. 이들은 주로 구조라나 거제도 부근의 주민들이었다.

그러나 1930년대부터는 경영자를 제외하면 전부 조선인으로 교체되었다. 오랜 기간 일본인 밑에서 어업기술을 익혀온 조선인이 망쟁이가 되어 어업의 전 과정을 지휘하였다. 일본인 경영자 측에서 보아도 조선인보다 일급이 두 배 이상 비싼 일본인을 고용하는 것보다 오랫동안 구조라에서 어업 활동을 해온 구조라 주민을 고용하는 것이 경제적이었다. 어업 책임자인 망쟁이[33]까지 구조라인들이 담당하였고 여기서 생산된 모든 멸치는 일본으로 운송하였다. 구조라에 정착한 일본인들은 일제의 권력을 등에 업고 어장과 값싼 주민의 노동력을 이용하여 큰 돈벌이가 되는 어업을 하였다.

현재 구조라는 유람선을 타고 외도로 가려는 관광객들로 붐빈다. 선착장 주변에는 멸치를 판매하는 상가가 모여 있는데 이곳에서 판매하는 멸치는 구조라를 거점으로 활동하는 기선권현망이 어획한 것이다. 동력선으로 운용되는 기선권현망은 그물배 2척, 어탐선 1척, 가공선 1척, 운반선 1~2척 총 5척의 배와 50명 이상이 협업하는 어업이다. 일제강점기에는 목선으로 근거리 어장에서 했지만 지금은 기선으로 1시간 떨어진 어장에서 조업하고 있다. 어업근거지가 멀어진 까닭에 어획한 멸치는 가공선에서 바로 삶아 운반선에 넘겨지고, 운반선에 구조라로 실려온 멸치는 육지에서 열풍으로 말려 가공한다.

1. 구조라에 정박한 멸치 운반선

2. 삶은 멸치의 하역 작업

3. 지게차로 옮기는 모습

4. 멸치 건조장

5. 말린 멸치

6. 말린 멸치를 선별하는 모습

근대의 멸치, 제국의 멸치

일본인 어촌 건설에 숨은 식민지성

진해만과 거제도를 포함한 남해안은 어업에 편리한 입지적 조건과 어선 정박에 안전한 어장이 많다는 이유로 일본 어민의 정착지로 각광을 받았다. 일본은 영세한 어민을 이식하여 조선 어장을 '개발'한다는 명목으로 남해안에 일본인 어촌, 즉 일본 어민이 이용할 어업근거지를 건설하였다. 오이타현大分縣은 삼천포 앞 신수도에 오이타촌大分村, 야마구치현山口縣은 삼천포에 야마구치촌山口村, 지바현千葉縣은 창원 구산면 가포리에 지바촌千葉村 하는 식으로 지방정부의 이름을 본떠 조선 연안에 어업근거지를 두었다.

특히 남해안은 일본과 거리가 가까운 만큼 어획물 운반에 이점이 있었고 어장 형세와 어업 환경이 일본과 비슷하였기 때문에 일본 어민이 이주하기에 적당하였다. 따라서 1910년 건설된 일본인 어촌 대부분은 남해안에 집중적으로 들어섰다. 지금까지도 남해안에 일본식으로 짓거나 일본 지방 명칭을 본뜬 지명이 적잖이 남아 있는데구조라, 다대포, 대변, 진해, 장생포, 욕지도 등, 이들 지명은 멸치어장을 중심으로 일본인 어촌이 형성되던 일제강점기에 붙여진 것으로 번성하던 일본인 어업을 가늠하게 한다.

1920년 경상남도가 발행한 자료에 의하면, 도내에 건설된 일본인 어촌 가운데 1호당 어획고가 가장 높은 어촌은 진해만 부근에 있는 장좌, 거제도의 구조라·성포·지세포, 울산 부근의 신암·일산진·죽세포·전하리 등 멸치어장에 위치한 마을이었다. 이곳 일본인 어촌은 거주 일본인 2~25호 규모로 마을을 이루었으며 멸치 조업기에만 거주하는 반半정주적 경영 형태를 유지하는 곳도 있었다.

이러한 일본인 어촌을 연구자들은 '이주어촌'이라고 부른다. 또는 이주 방식에 따라 어민들이 자발적으로 이주한 어촌을 '자유형 이주어촌임의 이주어촌,' 지방정부 또는 일본 정부가 이주 자금과 어업 자금을 지원하여 건설한 어촌은 '집단형 이주어촌보조 이주어촌'으로 세분화하여 정의한다. 이를 두고 다케구니 도도야스竹國友康는 '이주'라는 말은 어떤 장소에서 다른 장소로 개인의 의지에 따라 수평적으로 이동했다는 뜻이기 때문에 식민지 지배를 배경으로 한 수직적 관계에서 건설된 어촌에 이주라고 쓰는 것은 적당하지 않다고 지적한다. 대신에 그는 일본의 각 부현府縣이 어업자에 대한 이주 지원과 자금 지원을 실시했다는 점에서 식민자본마을colony 즉 '식민어촌'이라고 불러야 한다고 주장한다.[34] 일제강점기 건설된 일본인 어촌을 관행적으로 이주어촌이라고 부르는 것은 일본식 연구를 반성 없이 그대로 답습한다는 점에서 그의 지적은 매우 타당하며 학계에서 개념 정리가 필요한 대목이다.

　타케구니의 주장대로 이주어촌을 식민어촌으로 바꾸어 부르는 것이 타당해 보인다. 개항기 일본인 멸치어민이 조선 어장에 임의적으로 진출하여 개인적 필요에 의해 근거지를 건설했을지라도 일본의 보호와 권력에 힘입어 식민어촌으로 기능하였기 때문이다. 더구나 일본 정부의 제국주의 정책 아래 조선의 토지를 불법적으로 점유하여 1900년 이전에 발달한 어업이었기 때문에 두 말할 필요도 없다.

일본 어민은 왜 조선 바다로 건너왔을까?

4

일본 정부는 왜 조선 어업을 장려했을까?

일본은 영세한 어민들의 생활 안정을 도모한다는 구실로 조선 어장 진출을 장려했지만 그 배경에는 제국주의 정책에 따른 국가 지도와 침략 의도가 깔려 있었다. 조선 바다를 둘러싼 제해권 싸움에서 일본은 어업과 국방을 연결시켜 조선 어장에서 어업 활동을 국가 방위의 한 역할로 인식하였다. 이 때문에 일본은 각 지방정부에 조선 어업과 관련된 수산조합을 설치하면서 그 지원책을 마련하였고 러시아와의 대결을 앞두고 전략적 요충지에 집단적 어촌 형태인 일본인 어업근거지를 마련하였다.

이 어업근거지는 기존의 멸치어민들이 건설한 어업근거지와 달리 국가가 자금을 방출하여 이주민을 모집하고 감독자를 두어 관리하는 형태였다. 조선 어장에 진출한 어민들은 어업과는 별

일본 정부는 왜 조선 어업을 장려했을까?

개로 제국주의적 침략과 식민지 지배의 첨병 역할을 담당하고 있었다. 이 장에서는 이러한 목적을 강하게 띠고 러일전쟁기 조선 어장에 건설된 어업근거지의 사례인 장승포, 거문도, 마산포를 중심으로 살펴보고자 한다.

'통어(通漁)'의 숨은 뜻

개항 이후 조선 어장을 어업근거지로 삼고 일본 본토와 왕래하는 어업을 일본인들은 '통어通漁'라고 했다. 이 '통어'는 1883년 조선과 일본 사이에 맺어진 「조일통상장정」처럼 서로 합법적인 절차에 따라 어장을 상호간에 개방한다는 의미로 사용되었다.

통상문제를 주된 내용으로 하는 장정에 어업 규정인 '통어'가 들어가게 된 것은 1882년 8월 23일 조선과 청국이 맺은 「중국조선상민수륙무역장정中國朝鮮商民水陸貿易章程, 조청무역장정」에서 청국 어민들에게 평안도, 황해도 영해의 어업권을 개방하였다.[1] 19세기 중반부터 청국 어선 수백 척이 서해안에서 재산을 약탈하고 백성을 구타하는 일들이 빈번히 발생하고 있었는데 조선 정부가 청국인의 서해안 어업 금지를 요청하는 과정에서 청국 정부가 「조청무역장정」에 어장 개방을 요구하고 무역장정의 한 조항으로 넣은 것이다. 이 무역장정은 상당한 논란을 야기하였지만 청국의 강력한 요구에 따라 평안도, 황해도 영해가 중국인들에게 개방되었다.

일본도 뒤질세라 청국에 상응하는 요구를 하게 되었다. 조선과 일본 사이에는 이미 1876년 7월 6일 체결된 최초의 통상조약 「어조선국의정제항일본인민무역규칙於朝鮮國議定諸港日本人民貿易規則」이 있었지만 관세 조항이 들어간 「조일통상장정」이 1883년 7월 25일 새롭게 체결되었다. 전문 42관으로 된 동 장정 중 제41관의 조항에서 통어의 내용을 구체적으로 정하고 있다.

일본국 어선은 조선국 전라 · 경상 · 강원 · 함경의 4도 해변, 조선국 어선은 일본국 히젠肥前, 나가사키현 · 치구젠筑前, 후쿠오카현 · 이시미石見, 시네마현 · 나가토長門, 야마구치현의 조선에 면한 곳, 이즈모出雲, 돗토리현 · 쓰시마對馬의 해변에 왕래하며 포어浦漁하는 것을 인정한다. 그러나 임의로 화물을 무역하는 것은 허가하지 않으며 위반자의 물품은 몰수한다. 단 그 어획한 어개魚介를 매매하는 것은 불문에 부친다.

이처럼 「조일통상장정」 체결 과정에서 일본은 조선의 4개 지역과 일본 6개 지방 현의 바다를 개방한다는 조항을 두고 상호간의 어장 개방을 약속한다는 의미로 '통어'라고 하였다. 하지만 조선 어민이 일본 어장으로 출어한 적이 없었고 일본인에 의한 일방적인 어장 이용과 침탈이었기 때문에 '통어'를 통상의 의미로 쓰는 것은 적절하지 않다.

그리고 「조일통상장정」이 조인되던 날, 일본인의 범법 행위에 대한 처벌을 규정한 「처판일본인민재약정조선국해안어채범죄조규處辦日本人民在約定朝鮮國海岸漁採犯罪條規, 일본인어채범죄조규」가 동시에 의정되었다.(〈부록 08〉 참조) 여기서 치외법권인 영사관 재판이 인정되었고 조선 관리가 일본인을 호송하면서 함부로 학대해서는 안된다는 것을 규정하였다. 일본인의 범죄를 은폐하고 비호하여 그들이 조선의 법규에 의하여 처벌되는 것을 최대한으로 막으려는 데 목적을 둔 보호 규정이었다. 이 조규가 「조일통상장정」과 동시에 의정된 것은 일본이 조선 어장 진출을 적극적으로 지지하고 이들을 보호하겠다는 의지를 나타낸 것이다.[2]

한편 1899년 7월 23일 후쿠오카福岡에서 열린 조선 어업 관련 회의에서 농상무성 수산국장 마키 나오마사牧朴眞, 1854~1934는 '통어'란 조선 어장을 일본 어장에 '통합'한다는 것이라고 설명하였다. 그는 진정한 의미에서 '통어'는 "조선해를 일본해라고 간주하는 것으로 조선해와 일본해가 하나가 되는 것"이라는 제국주의적 정책 목표를 제시하였다.[3]

마키 나오마사는 1898년 농상무성 수산국장에 취임하여 1906

년 퇴임한 후 일본수산회 이사, 일본통조림협회장, 대일본수산공예협회장, 대일본수산회 부총재를 역임하는 등 일본 수산업계를 두루 섭렵한 인물이다. 그는 1890년 제1회 중의원 총선거에서 나가사키현 의원으로 당선된 후 1896년 대만 태중현台中縣 지사로 발탁되었고, 아오모리현, 에히메현 지사를 역임한 후 1898년 11월 49세 나이로 수산국장이 되었다. 그는 1899년 조선 어장을 관리하는 방안으로 조선해 출어단체인 '조선해통어조합연합회朝鮮海通漁組合聯合會'를 조직하였고 그 하부 조직인 '조선해통어조합朝鮮海通漁組合'을 1부 12현에 두었다. 그는 재임 시 수산업 발전과 원양어업의 기초가 되는 「원양어업장려법」(《부록 07》 참조)과 「일본어업법」 개정, 「외국영해수산조합법」을 공포하는 등 일본의 해외 수산업 정책 기조를 마련하였다.

☙ ❧
「조일통상장정」 제41관의 해석

1888년에 일본인 무역상인 이사야마 운페이諫山運平는 부산항 주변에 조선인이 부설한 어장에서 후릿그물로 조업하였다. 일본인 후릿그물 조업으로 조선인 어장에 피해가 늘어나자 부산항 주변 조선인 어장 130여 기, 어민 2,000여 명이 어장 피해와 생계 위협을 호소하였다.

1888년 12월 4일 감리 부산항통상사무 이용식李容植은 부산주재 일본영사 무로타 요시아게室田義文에게 서한을 보내 "금년 일본인 이사야마가 어선 7, 8척을 가지고 후릿그물을 넓게 부설함에 따라 한 마리의 물고기도 (조선인의) 어전에 들어오지 않았고 모두 일본인 후릿그물에 들어갔다. 100여 기의 어기가 모두 폐허가 되어 수천 명의 어민이 모두 실업을 당하여 수만의 경비가 손해를 입음에 분통하고 억울함을 이길 수 없다"고 부산 지역의 피해 실태를 알려왔다.[4] 그리고 「어기한계 3조漁基限界3條」를 제시하고 일본인으로 하여금 조선인이 부설한 어장漁帳·어전漁箭에 침범하지 못하도록 요구하였다.

어기한계 3조

① 항내의 좌우 해면에는 어전이 세워져 있는데 어로의 요충인 오륙도 해면에서 일본인 후릿그물은 조도를 한계로 한다.

② 갈추에서부터 다대진, 몰운대까지 어전이 세워져 있는데 일본인 후릿그물은 목도를 한계로 한다.

③ 절영도 동남 해면은 어전이 세워져 있는데 일본인 후릿그물은 유분도로서 남양를 한계로 한다.[5]

부산감리는 조도, 목도, 남양을 한계로 어업 제한구역을 설정하여 조선인 어장 주변에서 어업하지 말 것을 요구하였다. 일본인의 후릿그물어업으로 어민 2,000명이 생계를 위협받는 상황에서 당연한 요구였다.

그러나 일본영사는 「조일통상장정」 제41관에는 어기한계에 관한 아무런 규정이 없으나 부산 지역 어민들의 정치망어업을 방해하지 않기 위하여 정치망어구에서 최대 30간間. 1간은 약 2미터 이내에서는 가급적 조업하지 않겠다고 통보하였다.

이 무라다 영사의 회답을 받은 부산감리는 (1) 「조일통상장정」 제41관의 "양국해빈포어兩國海濱捕魚"의 '빈濱'은 항내를 제외한 해변을 말하는 것이고, (2) 만국공법 규정에 "각국 어선이 왕래하는 포어捕漁 지역은 해빈에서 3리 밖"이며, (3) 30간 이내에서 어업을 금하는 것은 우리 어민들에게 무익하다고 주장하였다. 「조일통상장정」 제41관에서 밝히고 있는 3리의 의미, 즉 영해의 의미를 제시하며 일본인의 어업제한 구역을 다시 한번 일깨웠다.

3일 후 무라다 영사는 (1) 「조일통상장정」 제41관의 "양국해빈" 중 해빈에 관해서는 항만의 내외 규정이 없는 만큼 해빈은 항만의 내외를 막론하고 해빈 전체를 가리키며, (2) 소위 연해 3해리 운운하며 만국공법에서 들고 나온 규정은 일본 어민이 조선국 연안 3해리 이내의 해변에 내어할 수 없다는 것으로 제41관의 설정 자체를 무의미하게 만든다고 하였고, (3) 일본 어민이 상륙하여 건물 및 건조장을 설치하는 것은 자신이 허가한 일이 없으므로 이 조약에 위배될 경우에는 「일본인어채범죄조규」에 따라 처리해주기 바란다고 주의를 주었다.

이러한 「조일통상장정」 제41관의 규정을 둘러싼 논쟁은 애당초 일본 어민이 조선인 정치망어장이 밀집한 지역으로 침입하여 발생한 사건인 만큼 일본인의 부당한 행위에서 비롯된 것이 틀림없으나 일본은 통상장정 체결을 내세워 영해의 일부를 개방한 것이므로 정당한 행위라고 주장하였다. 이 논쟁은 이후 서리독변교섭통상사무署理督辨交涉通商事務 조병직趙秉稷과 일본 대리공사 곤도 마스기近藤眞鋤에게 옮아가 동일한 내용의 주장과 반박이 거듭 오고갔다. 그리고 1년 후인 1889년 11월 12일 「조일통상장정」 제41관의 세부 규칙인 「조일통어장정朝日通漁章程」이 체결되었다. 「조일통어장정」 첫번째 조항 제1조에는 "해빈 3리 이내"라는 문구가 삽입되어 영해 3해리 이내의 일본인 어업 활동을 허가한다는 규정을 명확히 하여 부산 지역에서 발생한 영해 3해리 원칙에 대한 논쟁의 종지부를 찍었다.[6]

조선 정부는 「조일통상장정」 체결에서 맺은 어장 개방의 실제 의미를 부산항에서 발생한 어민들의 탄원과 항의로 알게 되었고, 결국은 「조일통어장정」의 체결로 일본인에게 3해리 이내의 어업 활동을 허가해줄 수밖에 없는 상황이 되었다. 부산항 내 수많은 어장과 어전들은 규모가 크고 비용이 많이 드는 정치망어구를 사용했던 만큼 일본인 후릿그물어선 7~8척의 조업으로 수천 명의 어민들이 생업을 잃을 정도로 심각한 타격을 받았다. 더욱 심각한 것은 머지않아 연안 어장을 남획하다시피 한 거대한 근대식 정치망어구가 일본인들에 의해 도입되었다는 점이다. 이렇게 일본인의 어장 독점은 빠르게 진행되어 1910년경 부산항내 조선인 경영 어장은 거의 사라졌다.

한일합방 직전까지 남해안에는 일본인의 근대식 어구들이 빼곡히 들어차면서 조선인 어장은 잠식되었다. 일본인들은 조선인들이 부설한 정치망 주변을 배회하며 마음대로 어장을 침범하였다. 조선인 어장은 이름뿐이었고 어장의 자원은 대개가 일본인 손으로 넘어갔다. 이 과정에서 1908년 일본 수산기사가 만든 「한국어업법」이 시행되면서 일본인 어업은 '관행'이라는 면죄부를 받고 조선의 주요 어장은 일본인이 법적으로 지배하는 상황을 맞았다.

일본 정부는 왜 조선 어업을 장려했을까?

어업근거지 건설의 입안자들

메이지시대 일본의 해외 정책은 일본 연안의 과잉 인구를 타국으로 배출하는 이민정책이 하나의 주요한 흐름이었다. 일본의 수산 제도를 정비하고 수산국을 창설한 세키자와 아키기요關澤明清는 경제적 이익과 예비 수군 육성이라는 측면에서 조선 어업 진출을 장려했다. 그는 군사적 측면에서 '조선 수로를 익히고 유사시 해군 수병으로 이용할 수 있다'는 점에서 조선 어장은 '일본 해군의 예비군을 육성하는 훈련장'이라고 하였다.[7]

또한 세키자와는 조선 어장의 중요성을 일본의 해상 주권과 연결지어 강조한다. "(조선 어장에서 일본) 어선을 끊이지 않게 하여 영원히 해상의 주권을 장악해야 한다. 이것은 국가 장래의 대大 계획으로 보아도 조선해 어업의 보호와 장려를 소홀히 할 수 없다."[8] 이처럼 메이지시대 일본은 조선 어장 진출을 일본 제국주의 정책의 일환으로 장려하였다.

1900년 러시아의 마산포 점령에 따라 조선 어장에 일본인 어업근거지 건설이 시급하다는 주장과 함께 조선 어장을 일본 어민들의 '배설 장소排泄場'로 이용하자는 주장이 대두되었다. 흑룡회黑龍會 간부 구즈우 슈스케葛生修亮는 러시아가 마산포를 점령한다는 소문을 듣고 조선 어장으로 건너와 1899년부터 조선 연해 어장의 지형과 지리, 기후, 주요 수산물을 두루 조사하여 곳곳에 일본인 어업근거지 건설을 제안하였다.

이 과정에서 구즈우는 동해에서 울릉도로 간 어민들의 청문조사를 조작하여 '독도 무주지설無主地說'을 유포하였고 일본 어업이 발전하는 길은 "한국 연안에 근거지를 만들어 이주를 장려하는 길밖에 없다"고 주장하였다. 조선과 일본은 지리적으로 서로 떨어질 수 없는 상호관계에 있으므로 일본 세력을 뿌리 내리게 해[扶植] 서로 친분을 강화하고 매년 증가하는 일본 인구를 배출하는 '배설 장소'로 이용하려면 어업근거지가 필요하다는 주장이다.

한국은 우리나라와 가장 근접하고 지리상 서로 떨어질 수 없는 상호관계에 있고 특히 오늘날에서는 이 나라한국에 대하여 우리나라일본의 세력을 부식하는 것과 함께 친분의 약속을 두텁게 하는 길을 강구하는 것은 급무 중에 급무라고 말하지 않으면 안 된다. 또한 우리나라의 사정을 보면 인구는 매년 증가하여 이것이 적절한 장소의 배설 장소를 다른 곳에 구할 필요가 증대되었는데 다행히 한해韓海 어업은 원래부터 우리나라의 통어구역 내에 속하여 그 어업 구역은 거의 수천의 어선을 수용할 수 있는 여지가 있고 어업의 이익으로서 국가와 국민에게 이익을 주는 것이 적지 않다. 그리고 현재 규슈九州, 시코쿠四國, 산요山陽 등 한해에 가까운 많은 지방 어민을 부추겨 더욱더 이들을 출어시키는 것이 한편으로는 우리나라의 세력을 부식하는 좋은 길을 구하는 것과 동시에 다른 한편에는 우리나라의 인구를 배출하는 데 가장 중요한 수단이다.[9]

그는 일본 어업의 불안전성을 개선하려면 서양식 어선을 도입하여 어업 구조를 개선해야 하지만 기술적 측면에서 불가능하기 때문에 일본인 어민이 거주하는 어업근거지를 건설할 필요가 있다고 강조하였다. 어업근거지 설치는 조일 양국의 친교, 어획물 처리, 어장 이용 면에서 매우 유리하다며 다음과 같은 근거를 내세웠다.

① 양국 수호상에서 본 필요

한인 가운데 통어자일본인에 대하여 불법 폭행을 하고 그 어업을 방해하여 손해를 입히는 것이 적지 않으며 우리 통어자 사이에는 종래 한인에 대하여 위법한 거동을 하고 격렬한 충돌로 국제문제를 야기하는 것이 번번이 있다. 그 작은 충돌 분쟁은 끊임없고 그들과 우리의 국교상, 통어상에서 보면 매우 걱정스럽다. 그 원인은 필경 통어자가 일정한 근거지를 가지지 않기 때문에 항상 여러 장소를 왕래하므로 한인과 친목의 정교情交를 맺을 길이 없고, 따라서 그들과 우리의 사정을 저해하는 것이 있다고 하지 않을 수 없다. 그 폐해를 없애려고 하면 이후 어장 연해 각지에서 통어자의 거주를 허가하지 않으면 안 된다. 그렇게 하면 위와 같은 화근은 자연히 소멸되어 새로이 그들과 우리의 사정이 소통하여 차례로 그 정분을 두텁게 하는 것이 되어 여기서 처음으로 상호교린의 열매가 맺어진다. 이것이 어찌 양국 수호상에서 본 필요조건이 아니겠는가?

② 어획물 처리상에서 본 필요

어업상 중대한 관계를 가지고 있는 것이 어획물 처리다. 통어자들 사이에서 어업은 매우 불완전한 것으로 그 제조에는 전복, 해삼, 멸치와 같은 작은 것을 제외하면 정말로 제조하는 것이 없으므로 이것을 판매하는 것은 염가로 연안 한인에게 판매하든가, 염절선鹽切船, 수조선에 싸게 팔 수밖에 없어 이익을 다른 사람이 빼앗아 가버리고, 제조를 하면 귀중해진다. 필경 연안 어장에 근거지가 없기 때문에 그것에 대한 만족스러운 처리를 할 수 없는 것이 원인이다. 근거지 설치 건은 어획물 처리상에서 보아도 필요하다고 느끼지 않을 수 없다.

③ 통어상에서 본 필요

통어자는 한 계절에 하나의 어업만을 목적으로 출어하는 것으로 다소의 이익은 긴 왕복을 위해 감쇄되어 끝내 통어의 목적을 헛되이하는 것이 매우 유감이다. 그리고 그 기간이 짧고 이익이 적은 원인은 바다와 섬 사이에 정박하여 가족 단란의 기쁨이 없고 해가 저물면 고향에 돌아갈 생각을 재촉하는 것은 근거지를 정하지 않았기 때문이다. 어구의 수선 보전, 어획물의 처리, 일용품의 처리, 일용품의 수용 등등에 이르기까지 계속적으로 불편을 느끼는 것이 많다. 이것으로 어장 연안에 근거지를 두어 거주를 허락하여 처자를 두고 일본 어촌과 같은 생활을 영위하게 하면 이상의 결점을 보완할 수 있고 그 이익을 완전히 수용할 수 있는 것은 의심할 여지가 없다. 이것이 곧 통어상에서 본 근거지 설치의 필요성이다.[10]

∞ ‿
러시아와 일본의 진해만 쟁탈전

청일전쟁1894년 7월 25일을 계기로 대한해협의 자유항해권 확보의 필요성을 절감한 러시아는 마산포와 거제도의 점령 계획을 논의하였다. 러시아는 "거제도를 포함한 마산포의 점령은 러시아에게 대한해협에 대한 통제권을 가져다줄 뿐만 아니라 동아시아 해상에서 전략적으로 중요하고 강력한 기지를 얻는 일이다"
는 결론을 내리고 있었다. 1899년 수산국장 마키 나오마사는 러시아가 진해만에 위치한 마산을 조차지로 결정한다는 소식을 듣고 급히 조선으로 파견되었다. 러시아 세력에 맞서 그 후속 조치로 일본 어민을 세력화하는 방안을 마련하기 위해서였다.

1899년 5월 1일에는 마산포가 개항장으로 지정되었다. 그 나흘 뒤 한국 주재 러시아 대리공사 파블로프_{Pavloff}는 러시아 군함 만주_{Manchuria}호 외 2척을 거느리고 내항하여 동양함대 소속 러시아호와 마산포에서 합류했다.[11] 그리고 마산 월영동, 자복동 일대의 약 30만 평을 측량하고 이곳에 '동양기선주식회사'라고 적은 표목 500목과 표석 500개를 세워 조차 후보지에 대한 측량 결과를 표시했다. 이 사실을 탐지한 일본은 서둘러 민간인 하자마 후시타로_{迫間房太郎}를 보내 몰래 이곳의 토지를 매수하였다.[12]

그리고 1900년 2월 5일 뤼순항에서 7척의 러시아 군함이 내려와 진해만 내 적도 부근에 닻을 내렸다. 마산포를 포함한 진해만 일대의 조사에 또다시 착수한 것이다. 러시아 군인들은 사냥을 가장하여 일본 어민의 어업근거지인 귀복동 일대를 조사하는 한편 보트로 진해만을 둘러보았다. 수병 30~40명이 증기선 2척과 보트 3척에 나누어 타고 수정리, 염포리, 심리 부근에 측량기를 꽂아 토지와 수심을 측량했다. 러시아는 진해만 마산포 입구인 염포를 중심으로 군항 후보지를 검토하고 있었다.

이러한 러시아의 동향에 대항하여 1900년 일본 아오키青木 외상은 하야시 곤스케林權助 주한공사에게 거제도를 25년간 25만원, 그 명의를 일본어업조합 명의로 매입할 것을 지시했다.[13] 같은 해 7월 육군대신 가쓰라 다로桂太郎는 「마산포에서 약 5만 평의 토지를 구입하는 건」을 각의閣議에 제출했다.

이러한 일본의 적극적인 방해공작과 토지매수사업으로 러시아가 계획한 마산포 월영동, 자복동의 조차 계획은 수포로 돌아갔지만, 그 차선책으로 러시아는 마산 율구미에 해군 저탄소를 확보하고 착공 준비를 시작하였다.

✁ ✃
거제도, 조선의 전초기지에서 일본의 근거지로

일본과 지리적으로 가장 가까운 거제도는 대한해협 해상교통의 요지로 항구 곳곳에는 임진왜란의 역사적 흔적과 일제강점기 일본인 침략의 자취가 남아 있다. 외도와 내도가 항구 바깥쪽에서 파도와 바람을 막아주어 자연항으로 기능하는 구조라, 수군만호가 주둔했던 지세포, 진鎭이 설치되었던 옥포항, 거제도의 모든 항구와 토지는 일본인들의 침략을 방어하는 전초기지였다.

임진왜란 당시 부산포로 침입한 왜구가 가덕도를 거쳐 거제도에 침입했을 때 일본인들을 격파하여 대승을 거둔 이순신 장군의 기백이 서린 옥포항은 항구를 벗어나면 대한해협과 대마도에 이르고 항구 바깥으로는 부산항과 진해, 마산항에 접해 있다. 남해안 전초기지의 중심 역할을 했던 곳이다. 옥포 옆 장목항長木港은 항구가 깊고 문같이 생겼다고 붙여진 이름인데 그 옆에 일본 해군기지 송진포가 건설되었다. 장목항에는 임진왜란기 축성된 성이 있었으나 러일전쟁기 일본은 성을 허물고 포대를 구축하였다. 나라가 어려울 때 전초기지 역할을 했던 유서 깊은 거제도 항구들은 일본인 진출로 일본군 주둔지, 또는 일본인이 집단적으로 거주하는 일본인 어촌으로 변모하였다.

1904년 2월 5일 어전회의에서 러시아와의 외교 단절과 개전이 결정되자 제3함대 가카오카 시치로片岡七郎는 진해만 점령을, 사세보 진수부 사령장관 사메지마 가즈노리鮫島員規는 진해만 가근거지 건설을 명령받았다. 같은 해 2월 17일 해군 소장 모치하라餠原平二 사령관 이하 군인 총원 1,123명, 비군인 1,723명은 각각 진해만으로 향하여 상륙한 지 불과 3개월 만에 사령부 건물, 병사, 병원, 소독소, 포대 및 발전소, 저수지 등의 시설물을 갖추었다. 이때 일본은 '간절히 울며 빌던 조선인'을 강제로 추방하고 일본 군율을 적용하여 강력히 처벌하였다.[14]

러일전쟁이 발발하자 거제도를 비롯한 울릉도·독도, 거문도 등 전략적 요충지에는 망루와 전신소가 가설되었고 이와 동시에 일본의 식민정책이 추진되었다. 그리고 이곳에 일본 군인을 지원할 어민들을 이주시켜 후방 지원군을 양성하였다. 러일전쟁이 일본의 승리로 끝난 뒤에는 조선의 전략적 요충지에 일본인 어업근거지가 하나둘 설립되었고 거제도는 일본인 어업근거지로 변모하였다.

১৩ ০৩
군용식량 공급지로 이용된 어업근거지

러일전쟁이 발발하자 일본은 각지의 수산물 생산과 수급 동향을 파악하는 한편 통조림 공장을 건설하는 등 군용식량 공급계획을 수립하였다.[15] 그리고 조선 내 일본군이 주둔하고 있는 송진포, 마산, 진해와 가까운 지역인 거제도 장승포에 어업근거지를 건설하였다. 일본은 이곳을 조선해수산조합 조합장 이리사 세이세이入佐清靜의 이름을 따서 이리사무라入佐村라고 하였고 일제시대 장승포는 이리사무라로 알려졌다.

1904년 5월 일본은 장승포에 주택부지 1,900평, 어망을 수리하는 부지 240평, 밭 36,000평을 매입하고 해안에는 220미터의 방파제를 세워 어업근거지를 마련하였다. 55호의 어민이 거주하는 가옥, 매점, 사원, 어획물 제조소를 건설한 다음 어민을 모집하였다.[16] 최초로 장승포로 온 어민들은 후쿠오카현 출신 '진해만방비대부 어용 어업지쿠시구미鎭海灣防備隊付 御用漁業筑紫組'에 속하는 어민으로 12호가 이주하였다. 이들은 장승포에 건설된 히노마루日丸 통조림罐詰所 공장에서 일했다. 이 통조림 공장은 일본 정부의 지정 업체로 원료신선, 품질우량, 가격균일, 공급정확 등을 슬로건으로 내걸고 전쟁 기간 중 약 7,800원 정도를 납품하였다고 한다.[17] 이후 장승포는 에희메현, 와카야마현和歌山縣, 도쿠시마현德島縣, 나가사키현 출신 어민들이 이식되었고 1906년에는 일본인 110명이 상주하는 어업근거지로 발전하였다.

한편, 1904년 12월 일본 농상무성 수산기사 시모케이스케下啓助와 야마와키 슈지山脇宗次는 육해군의 중요 전략기지인 진남포, 평양, 인천, 해주, 위해도, 군산, 죽도, 개야도, 목포, 팔구포, 마산, 거제도, 부산, 울산 등 14개소에 일본인 어업근거지를 건설할 것을 제안하였다.[18] 이들이 조사하여 정부에 보고한 『한국수산업조사보고韓國水産業調査報告』에는 "장래 영원의 이익을 증진하고 (한국과 일본의) 행복을 향유"하려면 이곳에 일본인 어촌 건설이 시급하다고 주장하였다. 그 개요는 다음과 같다.

일본 정부는 왜 조선 어업을 장려했을까?

(1) 이주민을 장려하여 한국 각지에 일본인의 취락을 세울 것.

(2) 한국 연해에 어촌을 조직하여 어민으로 하여금 점차 한국 풍습을 알게 함과 동시에 한국민을 일본국 풍에 동화하도록 힘쓸 것.

(3) 위의 목적을 달성하기 위하여 다음과 같은 방법을 취할 것.

① 어업근거지를 정부에서 설치할 것.

② 감독자를 두어 각지에서 이주해온 어민을 통일적으로 정리하여 질서 있는 어촌을 형성하게 할 것.

③ 근거지는 어업을 위한 열린 시장으로 간주하여 일본 선박의 출입을 자유롭게 할 것.

④ 한국 이주를 희망하는 지방을 통일하여 그 단결을 꾀할 것.

⑤ 전 각 항의 목적을 달성하기 위해 중앙 정부 및 지방청은 상당의 비용을 지출할 것.[19]

중요한 전략적 근거지에 건설되는 집단적 형태인 일본인 어촌에는 일본 정부가 감독자를 두어 관리하는 방법이 제시되었다. 이러한 어업근거지 건설은 진정한 의미의 어장 통합인 '통어'가 완성되는 것이므로 단순한 어업 활동이 아니라 조선 어민을 동화시키는 식민자로서의 지배를 말하는 것이다.

1915년 기준으로 조선 어장에 건설된 일본인 어촌은 약 105개 정도였는데 이 가운데 일본 정부나 지방 현이 건설한 집단형 어촌은 45개로 전체의 43퍼센트였다. 이 집단형 어촌을 도별로 보면 함북 2개, 강원 2개, 경북 3개, 전남 8개, 전북 2개, 충남 1개, 경남 28개로 각 도마다 1~3개씩 계획적으로 건설되었는데 경남에만 28개가 집중적으로 건설되었다. 경남은 일본과 가깝고 어장 형세도 비슷하고 판매 거리도 가까웠기 때문에 일본 영세민들을 이식하기에는 최적지였던 것이다.

∽ ∾
러일전쟁기 거문도 어장에 이식된 멸치어민

한반도의 서남단 동지나해 북단에 위치한 거문도는 여수와 제주도의 중간에 위치한 도서이다. 삼국시대 이전부터 이미 중국 대륙과 일본을 연결하는 항로의 중앙에 위치해 운항 도중에 만난 태풍이나 풍랑에 피난처 역할을 해왔기 때문에 일찍부터 취락이 형성되었다. 19세기에도 거문도는 중국-일본 항로의 연료_{석탄} 공급을 위한 중간 기착지로 기능하면서 대한해협의 관문으로 주목을 받았다.[20]

19세기 말과 20세기 초 한반도를 둘러싼 제국주의 열강들의 각축에서 거문도가 빗겨갈 수 없었던 것은 이러한 지정학적 위치 때문이었다. 러일전쟁1904~1905에서 일본이 러시아에 승리를 거

일본 정부는 왜 조선 어업을 장려했을까?

두자, 야마구치현 출신 멸치어민 기무라 쥬타로木村忠太郎와 부인 린당시 35세, 셋째 아들당시 3세이 1906년에 이주하였다. 그는 거문도로 오기 전인 1905년 1월 야마구치현 도요무라정豊浦町 유다마니시촌湯玉西村에서 발생한 화재로 가옥과 가재가 전부 타버리는 재난을 당했다. 그는 어려운 상황을 극복하기 위해 현 정부의 장려에 따라 거문도로 옮겨온 것이다. 야마구치현은 그에게 멸치 대부망 1장, 식량, 가재도구 등 이주에 필요한 장려금과 호위용 소총과 권총 각 1장을 지급하였다. 그는 일기에 당시 거문도 상황을 다음과 같이 적고 있다.

▲
기무라 쥬타로가 설치한 대부망 위치도

▶
기무라 쥬타로 부부와 그의 아들
기무라 가족이 거문도 출발 전에 찍은 사진이다.

근대의 멸치, 제국의 멸치

당시 이 섬에는 일본에 반항하는 도배들이 있어 물품을 도둑맞고 폭행을 당했으며 움막 같은 집이나마 완성될 때까지는 밤이면 모포를 가지고 해변 바위틈에 숨어서 밤을 지새우기도 했고 위험천만한 상황에 처하는 등 고생이 이만저만이 아니었다. 이미 먼저 거문도에 와 있던 오야마 히데마사 부부와 함께 지역 주민의 이해와 협력을 얻으러 밤낮으로 분주하게 돌아다녔다.[21]

기무라 쥬타로 정착 이후 일본인 이주는 꾸준히 늘어나 1908년 8~9호30여 명, 1918년 90호322명, 1942년 87호347명에 이르렀고, 거문도는 200여 척의 고등어 선단과 운반선이 활동하는 어업근거지로 발전하였다.

거문도 어장에서의 어업 방식 또한 기무라가 남긴 일기를 통해 확인할 수 있다. 기무라는 고도거문리 안쪽에 있는 수양이라고 하는 곳에서 가두리 그물의 하나인 대부망大敷網을 설치하였다. 대부망은 어군이 드나드는 길목에 긴 띠 모양의 길그물을 설치하고 한쪽 끝에 통그물을 설치하여 어군이 길그물을 따라 통그물 안으로 유도하는 어업이다. 기무라는 어군이 드나드는 길목에 거대한 어망을 설치하여 생후 2~3개월의 멸치를 잡아 가마니에 담아 일본으로 보냈다. 이곳에서 생산된 멸치는 일본 최고의 멸치로 알려졌다.

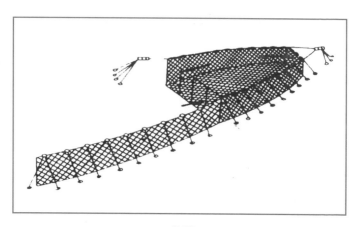

대부망

일본 교토와 오사카 요정에서는 거문도 멸치가 '기름이 나오지 않아 색깔이 좋고 맛이 천하일품'으로 알려져 다른 곳의 2배 이상 비싼 가격에 거래되었다. 보통 멸치는 시간이 지나면 색이 변하지만 거문도의 멸치는 오래두어도 멸치의 은빛을 띠고 선도도 맛도 최고였다고 한다.

1909년 야마구치현 지사 와타나베 유즈루渡邊融는 기무라에게 감사의 편지와 함께 김을 보내 그의 공로를 치하하였다.[22]

동도에서 고도로, 거문도 어장의 영고성쇠

거문도는 두 개의 집게다리가 벌어진 형태로 2개의 섬동도, 서도이 있고, 그 가운데에 고도古島가 위치한다. 현재 거문도 행정 중심은 고도거문리이지만 조선시대 행정 중심은 동도였다. 한편 서도 장촌리長村里는 조선시대 울릉도·독도 어장을 왕래하며 장거리 원양어업을 주도한 어촌이었다. 이 마을은 18세기 무렵부터 울릉도로 건너가 나무를 베어 배를 만들어 그곳의 나무와 물산을 육지로 운반하는 중개어업을 하였고, 독도로 건너가 강치잡이를 하였다. 이들은 어업공동체를 조직하여 선박 건조에 필요한 밧줄과 장기간 조선 작업에 필요한 식량과 필수품 등을 가지고 매년 울릉도로 건너갔다. 이들은 울릉도 항해를 준비하면서 선박 건조에 필요한 밧줄을 엮었는데 '가늘고 긴 줄을 비빈다'는 뜻을 가진 술비 노래를 노동요로 불렀다.[23]

간다 간다 나는 간다
울릉도로 나는 간다 에이야아 술비야
오도록만 기다리소 에이야아 술비야
울릉도를 가서 보면 에이야아 술비야

일본 정부는 왜 조선 어업을 장려했을까?

좋은 나무 탐진 미역 에이야아 술비야

구석구석에 가득 찼네 에이야아 술비야

울고 간다 울릉도야 여기영차 배질이야[24]

거문도 주민들은 고도에 사람이 들면 섬 전체가 망한다는 풍수설을 믿어 고도에 살지 않았다. 그러나 1885년 영국 군인이 요새 구축으로 2년간 머물렀고 1905년 이후에는 일본 어민들이 거주하면서 1908년 동도에 있던 면사무소가 고도 거문리로 옮아갔다. 그리고 1910년 파출소가 고도에 설치되면서 일제강점기 거문도의 행정 중심은 거문리가 되었다.[25]

주민들은 면사무소가 거문리로 옮아가자 분노하였고 일본인이 강요하는 풍속을 거부하면서 조상 전래의 풍속을 철저히 지켜나갔다. 특히 거문도 서도 장촌의 주민들은 울릉도를 왕래한 '바다의 개척자'로 거문도인의 자부심이 컸다. 어업에서 일본인과 경쟁은 되지 않았지만 어업 규정을 무시한 일본인이 자신들의 어장을 침범했을 때는 강하게 항의하였다. 이러한 거문리의 역사 때문인지 거문도 사람들은 거문리를 '왜섬'이라고 낮추어 부르고 거문리 사람을 최근까지 깔보았다고 한다.[26]

현재 거문도 거문리에는 일본식 가옥과 일제강점기에 건설한 정박장이 남아서 한때 찬란했던 거문리의 역사를 말해주고 있

근대의 멸치, 제국의 멸치

다. 하지만 부富의 원천이던 멸치, 고등어, 삼치, 갈치가 사라지면 서 그 명성은 끊어졌다. 매년 8월 거문도에서는 관광객 유치 차원에서 '여수 거문도 백도 은빛 바다축제'를 개최하고 있지만 이마저도 물고기가 잡히지 않아 축제 진행이 어려운 상태이다. 일본인 어업이 조선 반도에 남긴 상처는 지금껏 아물지 못하고 있다.

부록 06

거문도의 전신기사 오야마 히데마사

1885년 3월 러시아가 아프가니스탄 국경인 판데Panjdhe를 침공하여 식민지인 인도를 위협하고 다시 부동항을 확보하려고 동해안 영흥만을 물색하자, 영국은 이에 대항하여 거의 2년 동안1885년 4월~1887년 2월 거문도를 점령하였다거문도사건. 이때 일본은 군함을 보내 거문도 주민들의 동요動搖를 염탐하고 조사하였다. 두 나라 간의 긴장이 높아지자 전략적 요충이던 거문도 상황에 촉각을 세운 것이다.

1894년 청일전쟁이 발발하자 일본은 거문도 서도 전월산성에 망루를 설치하였고 1904년 러일전쟁이 일어나자 이 망루에서 러시아 발트함대의 진입을 처음으로 송신받았다. 러시아 발트함대가 대서양, 인도양을 지나 일본해에 들어오는 것을 군함 시나노마

129

영국군 묘지

전신기사
오야마 히데마사 부부

러일전쟁기 거문도에 건설된 등대

루信濃丸가 먼저 발견하고 "적함이 보인다"는 전보를 발신했을 때 전월산성에서 이를 접수한 이가 무선탑 전신기사 오야마 히데마사小山光正다. 그는 죽음을 각오하고 머나먼 외딴섬에서 홀로 발트 함대의 진입 사실을 고국에 타전한 것이다.

৪০ ৫৪

'군용 어부'로 조선에 온 지바현 어민들

러일전쟁이 한창이던 1904년 7월 일본 지바현千葉縣 수산조합

근대의 멸치, 제국의 멸치

연합회는 일본 육군 상륙지인 마산에 군용 식량보급기지 건설을 위한 임시총회를 열었다. 러일전쟁 개전을 조선 어장으로의 진출 기회로 삼아 수산조합원들을 조선 어장으로 파견하려는 속셈이었다. 지바현 지사 이시하라石原는 같은 해 오카야마현 지사에게서 '어민 15호를 조선으로 이주시키고 보조금을 지급할 것'이라는 이야기를 듣고서 어업근거지 건설을 계획하였다. 이시하라가 급조하여 진행한 것은 수상의 환심을 사기 위한 것이라고 다카바야시 나오키高林直樹는 지적했다.[27]

임시총회 결과에 따라 1904년 9월 지바현 수산조합 관계자 5명이 마산으로 출발하였다. 이들은 지바현 출신의 마산영사 미우라 야고로三浦彌五郎를 만나 어업근거지 건설을 논의하였다. 마산영사는 러시아 조차지 율구미를 어업근거지 건설지로 지정하고 이주를 허용하면서 다음과 같은 단서를 달았다.

첫째, 어민들의 이주는 전쟁 중에는 아무 일 없겠으나 영원히 보증하기 어렵다.

둘째, 이주어민과 함께 감독인을 보낼 것.

셋째, 이주어민이 이주 후 다른 직업으로 전직하여도 억제하지 않겠으나, 단 전직할 경우에 대비하여 규정을 정할 것.

넷째, 이주자 조난과 그 밖의 사항에 대비하여 매년 적립금을 마산

일본 정부는 왜 조선 어업을 장려했을까?

영사에게 납입할 것.

다섯째, 어민은 군용 어부의 명의로 율구미에 이주시키고 조선해수
산조합 밖에 둘 것.[28]

이렇듯 마산영사는 지바현 수산조합 관계자들에게 '군용 어
부'라는 명목으로 러시아 조차지에 이주를 허락하였다. 그런데
이 보고를 받은 외무성은 외교적 문제를 거론하며 어업근거지
건설을 반대하였다.[29] 전쟁이 시작되면서 조선과 러시아 간에 체
결된 조약은 전부 파기되었지만 율구미의 토지 소유권은 조선
정부에 귀속되어야 한다는 이유였다. 『일본외교문서』를 보면 마
산영사가 10월 고무라小村 외무대신에게 사실을 보고한 후 일본
정부는 지바현 어민 이주 계획을 취소하라고 7차례 넘게 마산영
사와 지바현 지사에게 통보하였다.

그러나 지바현에서는 당해 연도 추가 예산으로 보조금 8,900
원과 어민 50호 이주를 결정하였고 이미 선발대가 율구미로 출
발했다고 보고하였다.[30] 같은 해 11월 지바현 지사가 스기무라杉
村 통상국장에게 보낸 건의서에서는 "어민 이주는 동 수산조합의
발기에 관한 중요한 문제로 토지의 점유가 아니라 어업 경영"이
라고 주장하였다.[31] 승패를 가늠할 수 없는 급박한 전황을 틈타
일본 지바현은 러시아 조차지 율구미에 일본인 어업근거지 건설

을 관철하였다.

❧ ☙
어업근거지에서 죽어나간 멸치어민들

지바현은 1905년 4월 율구미에 있는 러시아 빵집에 '대일본 지바현 수산연합회 어업사무소'라는 간판을 걸었다. 4월 23일 상량식을 하고 이날을 '지바촌 건설기념일'로 정했다. 지바현은 이주자에게 도항비로 1인당 11원 7전, 1인당 1일 2원의 계산으로 2개월치 식비와 이주 준비금을 융자해주었다.[32] 어선은 수산조합이 건조하였고 어구는 각자 가지고 왔다.[33]

지바현 수산조합의 「조선 어업근거지 이주 규칙」을 보면 어촌 경영은 지바현 수산조합이 직영하는 방식이다. 이주 규칙에는 한국에 어업근거지를 두고 조합원을 이주시킬 것, 감독자를 둘 것, 이주자는 자격을 갖출 것, 근거지 경영 발전상 특정의 기능을 가진 기술자를 이주시킬 것, 필수품은 공동으로 구입할 것, 판매 대금은 감독자가 보관하고 우편저금 할 것, 감독자의 허가를 받지 않으면 모여 술을 마실 수 없고 규약을 정하여 조장이 시달할 것, 풍기가 문란하고 규정을 지키지 않으면 퇴거할 것 등을 정하고 있다. 이주 규칙은 감독의 지도하에 공동 어업을 한다는 취

지로 작성되었다. 이주자는 22세 이상의 남자로 3년 넘게 어업에

종사하고 가족 중에 전과가 없는 자에 한해서 자격이 주어졌다.

　지바현 수산조합은 이주자 모집을 마무리 짓고 마산에서 멸치

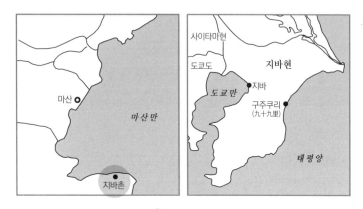

마산에 진출한 일본 지바현 어민들

1920년대 지바촌의 모습

근대의 멸치, 제국의 멸치

어업을 시작하였다. 환경은 열악했고 노동은 가혹했다. 1906년 이주자 96명 중 60명이 각기병에 걸려 그 가운데 12명이나 사망했다. 각기병은 비타민B$_1$이 부족해서 생기는 병으로 별다른 반찬 없이 쌀밥과 된장, 소금으로 식사를 하던 멸치어민들이 쉽게 병에 노출되었다. 특히 영양실조와 과로에 허덕이던 진해만 주위의 멸치어민들이 많이 걸렸다.[34] 진해만 주변 멸치어민들 사이에서 집단적으로 발병한 것으로 볼 때 각기병이 개인의 식습관에서 비롯했다기보다는 열악한 어업 환경에서 온 것을 알 수 있다.

지바현 이주자는 1905년 35명, 1906년 96명으로 증가하였지만 1919년 2호4인만 남았다.[35] 결국 1921년 3월 정식으로 지바현은 어촌 경영을 포기하였다. 율구미에 남은 건물 7동과 약간의 토지는 매각되었고 다른 곳에서 이주해온 어민들이 지바현 어민들의 어업을 이어받아 멸치어업에 종사하였다.

러일전쟁기 자신의 출세를 위하여 수상의 관심을 얻고자 했던 지바현 지사는 수많은 어민의 희생을 강요하여 어민을 죽음에 몰아넣었다. 어민 대부분이 병에 걸리고 사망자가 12명에 이르는 참극이 마산 율구미에서 발생하였던 것이다.

고래어장을 둘러싼 러·일 간의 어업 경쟁

1891년 5월 11일 일본을 방문한 러시아 황태자 니콜라이 알렉산드로비치Nikolai Alexandrovich, 1894년 황제가 됨가 시가현滋賀縣 오츠정大津町에서 일본 경찰에게 습격을 당하는 '오츠 사건大津事件'이 발생했다. 이날의 사건을 계기로 러시아의 수뇌부는 일본의 정세를 깨닫고 적극적인 남진 정책을 추진하였다. 황태자 니콜라이의 일본 방문을 수행한 께이젤링그 백작은 귀국길에서 동해안의 포경업 경영을 결심하였다. 이 오츠 사건의 경험으로 일본인들의 반러 감정을 확인한 황태자는 께이젤링그 백작에게 포경 자금 12만 5,000루블을 지원하였고 태평양 연안에 250만 평을 24년 기한으로 대여하였다.[36]

께이젤링그 백작은 노르웨이의 크리스티아니아오슬로에 있는 조선소에서 포경용 기선 2척을 주문하였다. 이 기선은 길이가 90피트, 너비가 15피트, 그리고 용골에서 간판까지의 높이가 13피트, 290지시마력指示馬力으로 규모가 큰 최신형 기선이었다. 포경 기지는 강원도 장전이었고 노련한 노르웨이인을 포수로 고용하여 동해안 포경업을 시도하였다.

러시아 포경선은 동해안의 연안에서 3~5마일 거리의 고래어장에서 고래 수백 두를 잡았다. 선단은 매년 10월 말경에 함경도 신포에서 남하하여 강원도 장전이나 울산에 정박하였다. 포획한 고래는 강원도 장전에서 인양하여 해부하고 고기는 나가사키로 운반하여 내다팔았으며 고래의 지방에서 기름을 채취하여 4월경 블

라디보스토크로 가져갔다.[37]

이와 같이 러시아는 조선 연해를 포경어장으로 이용하면서 조선 정부로부터 함경도 원산 마양도, 강원도 장전, 경상남도 울산 장승포 3곳을 조차받았다. 이에 비해 일본 어업은 영세한 소규모 어업으로 주요 거점 지역은 남해안이었다. 러시아의 포경선은 최신식 군함으로 전용될 수 있는 장비를 갖추고 있었고 동해안에 조차지를 두고 있었으므로 일본은 러시아가 일본해까지도 위협할 것이라고 우려하였다.

일본 정부는 러시아와의 어업 경쟁에서 뒤지는 것을 만회하기 위하여 1897년 3월 「원양어업장려법」을 발기하고 같은 해 법률 45호로 공포하였다.[38] 영국, 캐나다, 프랑스 등 서구 열강들이 장려금을 지급하여 원양어업을 발전시킨 것과 같이 국가가 직접 나서 대규모 원양어업을 발전시킨다는 내용이었다. 한마디로 조선 어장에서 근대식 어업을 창출하기 위한 대규모 어업을 육성하는 법안인 것이다.

1899년 후쿠자와 유키치福澤諭吉의 문하생인 오카 쥬로岡十郎는 자본금 10만 원의 '일본원양어업주식회사'를 설립하고 조선 어장에서 근대식 노르웨이 포경업을 시작하였다.[39] 이 회사는 조선 정부와 협상하여 울산을 조차하고 본격적인 포경어업에 돌입하였다. 일본 정부의 지원책에 힘입어 러·일 간의 어업 경쟁이 본격화되었다고 할 수 있는데, 러시아에 전쟁을 선언하고 일본이 가장 먼저 탈취한 품목에 러시아 포경선이 든 것을 보면, 동해안을 둘러싼 두 나라의 각축에서 포경어업이 상징하던 바를 짐작할 수 있다.

5

강원과 제주에서는
왜 멸치어업이
성행했을까?

1876년 강화도조약 체결 이후 멸치어장에 위치한 강원도와 제주도에는 멸치어업이 급성장하였다. 멸치가 전량 일본으로 수출됨에 따라 멸치어장에서는 어업계가 조직되었고 어구가 개량되었다. 그러나 한 지역에 많은 멸치어구가 운용되면서 멸치의 풍흉은 심해졌고 고리대 성격의 어업 자금을 융통한 어민들은 생활이 궁핍해졌다. 일본인은 멸치 자금 대여를 조건으로 어장을 공유하였고 일본 상인들이 멸치어장을 장악하면서 어장의 종속화는 더욱 심화되었다. 이 때문에 강원도 의병들은 어장을 돌아다니면서 멸치어구를 불 태웠고 제주도 민란 지도자들은 멸치상인들을 이용하여 제주 사회의 변혁을 꿈꾸었다.

강원과 제주에서는 왜 멸치어업이 성행했을까?

일본 어장에서 개발된 머구리어업

1886년경 일본 동경 부근 요코스카橫濱 항구에서 영국 탄약선 수리 작업에 헬멧식 잠수기가 처음으로 모습을 드러냈다. 요코스카 항구는 외국 선박이 기항하는 개항장으로 서양의 근대 문물이 흘러들어오는 관문이었으며 정박하는 외국 선박의 수리가 곧잘 이루어지곤 했다. 이 당시 사용된 잠수기는 청동으로 된 헬멧과 신발에 가죽으로 된 잠수복을 한 조로 하였다. 잠수부는 선상에서 산소를 헬멧으로 주입해주어 수중에서 호흡이 가능했고 헬멧에 달린 유리면이 시야를 열어주어 자유롭게 몸이나 다리를 움직일 수 있었다.

일본인 마스다 만기치增田萬吉는 이 탄약선 수리에 참여하면서 잠수 기술을 습득하였다. 1872년에는 독자적으로 어업 활동에 잠수기어업을 적용하여 전복 · 해삼을 따는 '머구리어업잠수기어업'을 개발하였다. 이 어업은 1882년 나가사키현에서 20대, 1883년 시마네현 오키섬으로 각각 16대가 도입되었다.[1]

머구리어업은 수중에서 5분 이상 머물 수 없는 해녀어업에 비하여 장시간 바닷속 작업이 가능하다. 일본 정부는 이런 기술의 비대칭성을 우려하여 머구리어업을 제한하는 「잠수기계채복통제규칙潛水器械採鰒取締規則」을 공포하였다.

이 규칙의 제정으로 자유로운 어장 이용이 불가능해지자 머구리어업은 조선, 호주, 러시아 등지로 진출하였다.[2] 전복 어장인 조선으로 진출한 일본 머구리어선은 1893년 127대[3], 1900년 200대[4], 1907년경에는 300~400대로 증가하였고 주로 제주도를 비롯한 남해안에서 바닷속 전복과 해삼을 채취했

헬멧형 고무잠수복

다. 특히 제주산 전복과 해삼은 남해안 지역보다 크고 해삼의 색깔도 빨간색을 띠어 고가의 품질이었다. 일본 머구리어선은 제주도에 집중하였고 이곳에서 잡은 해삼과 전복은 에도시대 국가가 전량 사들이는 전매품으로, 상어지느러미와 함께 말린 것을 가마니俵에 넣어 중국으로 수출하였다. 이 다와라모노俵物는 최고의 대중국 수출품으로 남획 대상이 되었다.

∞ ⅌
제주 어장에 뿌리 내린 전통식 해녀어업

제주도는 자갈이 많은 화산회토로 자연 비옥도가 낮고 풍화가 심해 씨앗을 뿌려도 잘 자라지 않았다. 지금은 관광산업과 함께 감귤농사가 제주의 상품적 농업으로 화폐경제를 좌우하지만 이전에는 논이 없고 보리도 잘 자라지 않아 끼니를 잇는 것조차 어려웠다. 제주에서는 바다에서 나는 미역과 전복을 팔아 육지에서 거둔 곡식을 구입하는 식으로 생계를 이어갔다. 제주에서는 낚시나 어망을 사용하지 않고 바닷속에 들어가 해산물을 채취하는 해녀어업이 주가 되었다.

제주 해녀들이 채취하는 해산물은 전복과 미역이었다. 이것이 유일한 상업적 어업이었다. 현재 제주 특산품으로 알려져 있는 옥도미 · 방어 · 갈치 · 고등어는 진상하거나 자급용으로 어획되었을 뿐 시장이 멀어 판매가 어려웠다. 4월 미역 철이 되면 해안에 거주하는 모든 여자들이 일제히 나와 미역을 따는데 '까마귀 떼'가 바다를 뒤덮는 장관을 연출했다.

해녀어업이 중시되다 보니 경제 활동에서 여성이 남성보다 상대적으로 중요한 위치를 점하였다. 제주도 옛말에 '여자아이가 태어나면 우리를 먹여 살릴 애라며 기뻐하고 아들을 낳으면 궁둥이를 팍 찬다'고 하는 이야기도 여자가 생업을 전담할 수밖에 없었던 경제적 배경에서 비롯되었음을 짐작케 한다. 제주의 어업은 바닷속 자원을 채취하는 잠수어업이었기 때문에 일본인 머구리어업 진출로 괴멸적인 타격을 받을 수밖에 없었다.

☎ ❧
일본 머구리어업의 제주 어장 진출

일본에서 개발된 머구리어업은 채 2년도 되지 않아 제주 어장으로 전파되었다. 야마구치현 출신 요시무라 요자부로吉村與三郎는 남해안에서 상어잡이를 하다가 제주 어장에 전복이 많다는 것을 알게 되었다. 그는 제주목사와 계약을 맺고 제주 연안에 머구리어업 근거지를 마련했다. 1900년 초 제주도 가파도·표선·성산포·행원 등 5개소에 10여 동의 일본인 머구리어업 근거지가 설립되었다. 제주도로 종신 유배를 받고 온 김윤식金允植, 1835~1922은 『속음청사續陰晴史』에서 일본인 머구리어업 실정을 다음과 같이 적었다.

어제 고기잡이 일본 사람 수십 명이 성안에 들어와 흩어져 다니며 관광을 했다. 이 가운데 세 사람과 필담을 하였다. 그중 하나가 나이는 15세이나 글을 잘하는데 자기 말로 나가사키에 살고 있으며 배마다 하루에 전복을 잡는 게 30궤미한 궤미는 20개, 즉 600개라고 한다. 제주의 각 포구에 일본 어선이 무려 300~400척이 되므로 각 배가 날마다 잡아버리는 게 대강 이런 숫자라면, 이미 15~16년의 세월이 지났으니 어업에서 얻은 이익의 두터움이 이와 같은데 본지인 제주도인은 스스로 배 한 척 구하지 못하고 팔짱 끼고 줘버리고 있으니 어찌 애석하지 않으랴.[5]

김윤식이 일본 어민에게 들은 바에 따르면, 1899년 제주도에서 활동하는 일본 머구리어선은 300~400척이며 1척당 하루에 전복 600개 정도를 잡는다. 그렇다면 전복 채취량은 하루에 최대 24만 개가 되는 셈이다.

이처럼 제주 어장이 일본 머구리어업에 잠식되기까지 조선 정부는 손을 놓고 지켜만 보았다. 불리하게 체결된 조일 간의 조약 아래서는 별다른 해결책이 없었기 때문이다. 또한 일본 머구리어민이 조선 정부에 소송하면서 외교 분쟁으로 확산되었다. 대마도인 후루야 리쇼古屋利涉는 제주목사가 머구리어업을 금지하자, 1884년 8월 조선 정부에 4,294원의 배상금을 요구하였고 같은 해 10월 머구리어업 금지 조치에도 불구하고 그는 머구리어선 12대를 이끌고 다시 제주도로 왔다. 예상한 대로 제주목사가 또다시 조업을 금지하자, 2만 3,984엔의 손해배상금을 요구하였다. 결과는 2년 뒤에 후루야 리쇼의 일방적인 승리로 끝났다.[6]

머구리어민 후루야 리쇼가 「조일통상장정」 위반이라며 조선 정부를 상대로 낸 소송의 결과, 1886년 12월 6일의 협약에서 조선 정부는 후루야에게 "손해배상금 6,600원을 지급하고, 머구리어선 14척에 대해 1887년 3월부터 6개월간 조선 정부 고용인 명의로 머구리어업을 허가하며, 장차 조·일 양국 간의 약정에 의하여 어업세를 징수하게 될 때에는 동 어선 14척은 5년간 면제한다"고 약속했다.[7] 조선 정부가 머구리어업을 경영하는 어민에게 직접 배상금을 지불하고 제주 어장 이용을 허가하였다.

한편 일본 정부가 후루야 리쇼에게 상금을 지급하여 공로를 치하하였다고 하니 기세가 등등해질 수 밖에 없었다. 이 머구리어민은 위세를 과시하면서 1887년 제주도 모슬포에서 주민을 무참히 살해하고 닭 163마리, 개 3마리, 돼지 1마리를 훔치는 사건을 일으켰다. 조선 정부는 머구리어민 후루야를 살해범으로 체포하려 하였으나 일본은 치외법권인 영사재판을 이용하여 후루야의 도주를 방조하였다.

더 어처구니없는 일은 그다음이다. 사건 이듬해인 1888년 후루야가 소속된 머구리어업회사 직원들이 울릉도에 나타난 것이다. 살해 사건으로 제주도에 들어갈 수 없게 된 머구리어민들은

강원과 제주에서는 왜 멸치어업이 성행했을까?

울릉도로 진출하였고, 울릉도 도장 서경수가 입항을 허락하지 않자 조선 정부에 배상금을 요구하였다. 같은 해 11월 일본의 대리공사 곤도 신스케近藤眞鋤는 울릉도 도장의 전복 몰수 사건에 항의하는 외교문서를 조병식에게 보냈다. 이처럼 일본은 자국민의 조업을 방해하는 조선에 외교협약을 방어막 삼아 으름장을 놓았고 조선인에게 폭력을 행사하는 자국 어민을 옹호·비호하였다. 이러한 일본의 침략정책에 힘입어 일본 어민들은 약탈적 행위를 일삼았고, 연안과 도서 지역 어민들의 피해는 이루 말할 수 없었다.

개항기 일본 머구리어민의 제주 어장 진출로 제주 사회는 크게 변화하였다. 일본 머구리어선이 제주 바닷속을 헤집고 다니며 전복을 남획하자 생계를 이어갈 수 없었던 제주 해녀들은 남해안 해조류 어장으로 이동하기 시작했다. 1900년경 제주 해녀들은 일본 상인에게 고용되어 일본에서 양과자, 의약품, 화약재료로 이용되는 우뭇가사리, 가사리, 감태가 많은 해조류 어장을 찾아 함경도와 서해안, 남해안 어장으로 이동하였다. 또한 조선 후기 일본인들을 쫓아낸 안용복을 비롯하여 울산 어민, 전라도 거문도 어민들이 이용해왔던 울릉도·독도의 전복 어장도 일본인 머구리어업 진출로 남획된 상태가 되었다. 1900년 울릉도 어장을 조사한 일본인 세무사 아카츠카 마사죠赤塚正助는 울릉도는

"머구리어선 1척 이상은 가망이 없다"고 잠수기어업의 폐해를 기록하였다.[8]

부록 08

무법자를 낳은「범죄조규」

조선 어장에서 처음으로 머구리어업을 시작한 요시무라 요자부로는 언제나 흑색 양복을 입고 빨간색 초롱불을 밝히고 한쪽 손에 곤장, 다른 손에 단총을 들고 다녔다. 그는 자신의 위엄을 과시하며 남해안 도서 지역에 상륙해서는 주민들을 곤장과 총으로 위협하였다.[9] 상어어업에 종사한 오이타현 사가노세키佐賀の關와 나카츠우라中津浦, 야마구치현 츠루에우라鶴江浦와 타마에우라玉江浦 어민들도 요시무라와 마찬가지로 크고 작은 섬을 전전하며 주민들에게 폭행을 일삼았다.[10] 칼로 위협하고 총을 발사하고 함부로 물건을 탈취하고 여자들을 포로 다루듯이 쇠몽둥이로 때렸다.[11]

남해안 도서인들은 갑자기 나타나 협박하거나 위협하는 일본 어민과 머구리어민들을 두려워했다. 섬에 사는 나이 많은 촌장들에게는 행정권도 없었고 이들은 어업조약 체결 사실도 잘 알지 못했기 때문에 일본인들의 요구와 만행을 그대로 지켜볼 수밖에 없었다. 만약 조선 관리가 일본인 범죄자를 체포하여 부산 영사관에 인도하더라도「일본인어채범죄조규」의 치외법권 조항이 적용되어 모두 무죄 방면되었다. 특히 이「범죄조규」제2조에서는 "법을 어긴 일본인은 조선 관리가 체포하여 일본영사에게 이송한다"고 되어 있어 일본인들에 대한 처벌이 원천적으로 봉쇄되었다. 일본과 가까운 남해안 도서 지역민들은 가장 먼저 일본의 침탈 대상이 되었고 가장 직접적인 피해를 받았다.

ঙ ন
제주의 멸치 어구와 어업 조직

18세기 제주 어장에서 어획된 해산물은 상어, 고래, 문어, 망어, 갈치, 고등어, 멸치, 옥도미, 날치, 은어, 숭어, 오징어, 방어, 전복, 홍합, 진주, 대모, 조개, 미역, 청각, 황각, 우뭇가사리 등으로 다양했지만 미역, 전복, 해삼 등 상품 가치 높은 것을 제외하면 자급자족 수준을 벗어나지 못했다.

개항 직후 제주 사회는 일본 머구리어선 진출로 도탄에 빠졌으나 멸치가 생산되어 수출됨으로써 제주도민의 생업이 되었다. 1900년 멸치의 일본 수출과 함께 어장이 개발되었고 방진망과 같은 개량된 어구가 등장하였다. 1911년 제주 수산물 생산량 400만 근 중 멸치 생산량이 310만 근으로 제주 수산물 총생산량의 78퍼센트가 멸치였다. 이 가운데 제주도 동부 지역인 표선, 월정, 무주, 함덕 등지가 최고의 멸치어장으로 알려졌다.[12] 이처럼 근대기 제주 수산물을 대표하는 것은 단연코 멸치였다.

제주의 아름다운 거리로 유명한 제주 동부 지역 구좌읍 월정리는 한때 유명한 멸치어장이었다. 한학자 월봉元峰 장봉수張鳳秀가 '달 밝은 밤에 태우를 타고 바다에 나갔다가 마을을 바라보니 반달 모양이더라'며 월정月汀이라는 이름을 붙였다고 하니 월정의 바다는 예부터 매우 아름다웠던 듯하다. 월정의 옛 이름은 크고 넓은 모래밭이라는 뜻의 '한모살'인데, 그 흰 모래사장에 많은 멸치가 올라와 방진망어업 또는 장막후림어업이 성행했다.

방진망防陣網어업은 후릿그물어업이 발전한 형태로 해변까지 어망을 끌고 오지 않고 바다에서 완전히 에워싸 멸치를 가두어 잡는 어업이다. 후릿그물과 어로 행위가 비슷하지만 끌줄이 없는 것이 특징이며 연안의 암초 사이를 회유하는 멸치, 고등어를 대상으로 하는 어업이다. 어장에서 일본인들은 "많이만 잡아라 판로는 우리가 해결한다"며 적극적인 자금 지원을 하였고 주민들은 석탄으로 불을 지펴 멸치를 삶고 말렸다.

멸치어업으로 마을은 활기가 넘쳐 인근 마을보다 먼저 초등학교가 신설되는 등 인구가 집중하였다. 그러나 해방과 함께 월정리의 멸치어업은 단절되었다. 일본 시장이 사라져 더는 멸치를 생산해도 사 갈 사람이 없었다. 멸치어장은 내버려졌고, 보리농사마저 지을 수 없는 척박한 토지를 가진 월정리는 제주에서 가장 가난한 마을이 되었다. 그리고 한 가족 내 여성 구성원시어머니, 며느리, 딸 중 2명 이상이 해녀어업에 종사하는 어업 조로 재편되었다.

1908년 「한국어업법」 공포 당시 『한국수산지』[13]에 기록된 제주 어망 종류를 살펴보면 후릿그물이 119장, 방진망 9장, 자리망 263 장, 상어망 78장이었다. 후릿그물은 서부 지역 모슬포가 15장으로 가장 많았고 다음으로 동부 지역 종달 · 김녕 · 함덕 · 도두 · 곽지 · 표선은 각각 8장이었다. 이어서 별방과 삼양은 7장, 월정은 6장으로 동부 지역을 중심으로 후릿그물어업이 이루어졌고 후릿그물을 개량한 방진망도 김녕 3장, 함덕 2장, 고포와 조천, 고내, 효동에서 각각 1장씩 운용되고 있었다.

멸치 주요 어장과 일본인 소유 어장(■은 일본인 소유 어장)

근대의 멸치, 제국의 멸치

그러나 1914년 『관보』를 보면 후릿그물은 총 40장으로 1908년 115장에 비하여 크게 감소하였지만 방진망은 1908년 9장에서 49개로 증가하였다. 제주 연안으로의 멸치 회유가 감소하면서 정태적 어업 형태의 후릿그물은 쇠퇴하고 바다로 나가 조업하는 방진망이 발달하게 된 것이다. 방진망은 자본이 많이 드는 대형 어업어선 12척, 어민 30명으로 일본인과 공동 경영이 많았다. 주민들은 일본인에게 자금을 지원받는 조건으로 공동 이용을 허락하였는데 하모리·표선·성산리·납읍·곽지·일과·사계·한림·금성·협지·하귀 등이 그 대표적 어장이었다. 멸치 이외의 면허어업어장은 일본에서 수산왕이라고 불리던 나카베 이쿠지로中部幾次郎가 대부분 소유하였다.

이렇게 생산된 제주 멸치는 일본 남서부 지역인 시모노세키下關, 후쿠오카福岡, 사가佐賀, 나가사키長崎와 돗토리鳥取로 운송되어 어비로 이용되었다. 모슬포와 사계리의 멸치는 각각 부산과 목포로 운송되고 있었으나 그 수량은 적었다.[14]

∽ ⊱

민란에서 드러나는 제주 사회의 종속성

멸치와 함께 제주에서 나는 우뭇가사리, 감태, 전복 등이 일본 시장으로 수출되면서 1900년 전후 지역 경제는 일본 경제에 흡수되다시피 했고, 일본인은 지역민과 상업적 거래를 맺으면서 지역사회에서 영향력을 나타냈다. 이렇게 일본인이 상업에서부터 어장에 대한 지배권까지 확보하는 데 이르자 제주의 민란 지도자나 토착층, 관리들은 이들의 권력을 이용하여 변혁을 도모하고자 하였다.

1898년 2월 22일 제주도 대정군 광청리 능화동에 거주하던 화전민 방성칠房星七은 화전세 감세 요구가 계속 묵살되자 연서하고 탄원하기로 결의하였다. 그러나 이러한 움직임은 곧 민란으로 전환되었다. 이 민란에 참여한 화전민이 족히 1만은 되었다고 한다. 방성칠은 "참된 도를 깨달은 사람은 섬에서 나온다[眞人當出於海島]"라는 유언비어를 유포하고 국가 건설을 기도하였다. 그는 국가 통치조직인 6부府를 두고 일본군의 파견이 성사되면 순조롭게 그 목적을 달성할 수 있을 것이라고 예상하였다. 그러나 생각과 반대로 군대 파견을 요청받은 일본 어민과 자신의 측근이 끝내 배신하면서 난은 실패로 돌아갔다.[15]

방성칠이 일본군의 파병을 주선케 한 일본 어민이 바로 카메이 다사부로龜井多三朗다. 그는 성산포에서 멸치어장을 경영한 어민으로 그 위세가 대단했다. 그는 난이 발생하자 명성왕후 시해자로 종신 유배를 당한 김윤식을 보호하여 선박으로 도피시켰으

며 방성칠의 지시에 따라 저지하려고 한 별방촌 주민을 질책할
정도로 큰 영향력을 가지고 있었다.[16]

또한 일본 어민은 제주 사회의 질서를 조정하는 역할도 자처
하였다. 1902년 서귀포 한논마을에 사는 박재순이 천주교를 등
에 업고 별감 양시중을 때린 사건이 발생하였다. 이에 마츠나가
데츠노우라松永哲之浦 등 일본 어민 11명은 총과 군도, 창을 소지하
고 한논마을에 들어가 박재순과 천주교인들을 결박하고 구타하
였다. 프랑스를 배경으로 교세를 확장하는 천주교인에 대항하여
일본 어민은 제주도 토착층과 함께 천주교 세력을 몰아붙인 것
이다.[17]

이재수 난에도 일본 어민은 적극 개입하였다. 1901년 5월 중
앙에서 파견된 봉세관의 조세 수탈을 시정하는 민회가 열리는
과정에서 민회와 천주교인들이 충돌하였다. 이재수는 민군을 규
합하고 제주성을 장악한 다음 제주목 관아 부근 관덕정에서 천
주교인 수백 명을 한꺼번에 처단하였다.[18] 이 난을 '이재수 난'이
라고 한다.[19] 이 과정에서 일본인 멸치 상인은 민란 주도자에게
무기를 공여하고 은신처를 제공하면서 일본에 군함 파견을 요청
하였다.

민란군에게 무기를 공여한 이가 바로 대정현 앞 비양도를 근
거지로 하여 멸치를 수출하던 상인 아라카와 도메쥬로荒川留重郎

다. 아라카와 도메쥬로는 1901년 5월 29일 이재수를 찾아갔고 같은 해 6월 2일 이재수는 아라카와 도메쥬로와 오이타현 출신 마츠가와 미노루松川實 등에게 상호 협력하자는 통문을 보냈다. 6월 10일 민군에게 쫓기게 되자 이재수는 아라가와 도메쥬로의 근거지인 비양도로 피신하였다.[20] 결국 중앙에서 파견한 찰리사 황기연이 이재수 등 민군의 지도자들을 체포하여 서울로 압송하였고 1901년 10월 이재수가 교수형에 처해짐으로써 난은 진압되었다.[21]

이렇게 19세기 후반 지역사회를 변혁하려 했던 하층민들은 멸치어업이나 상업에 종사한 일본인 세력과 손을 잡았다. 민란의 지도자들은 반봉건·반외세의 기치를 내걸면서도 일본인과 협력하여 변혁하고자 하였고 이들을 이용하며 자신의 계획을 달성하고자 하였다. 이는 일본 경제에 종속된 제주 사회의 한 단면이었다.

여러 번의 민란이 진압된 이후 일본인은 확고부동한 제주도의 지배세력이 되었다. 멸치상인 아라카와 도메쥬로는 1901년 이재수 난이 진압된 이후 제주인들의 도움으로 제주 서부 지역인 곽지, 금성, 협제와 동부 지역인 함덕 등에서 멸치어장을 확보하였다. 제주 어민들은 천주교를 등에 업은 향촌 세력을 축출하는 데 일조한 일본인을 도와 이들에게 어장 경영을 허락하였다.

강원도 멸치어업의 상업화

제주 어장과 비교하여 강원도 어장은 해안선이 산맥을 따라 길게 뻗어 있어 해안에서 조금 벗어나면 갑자기 수심이 깊어지고 파도가 일어 어선어업이 어려웠다. 주요 수산물은 명태, 상어, 가자미, 방어, 멸치였으나 이 어종들은 경제적 가치가 크지 않았다.

멸치는 소비도 넓지 않았고 전문적으로 구입하는 상인도 없었기 때문에 멸치어업은 부수적인 형태였다. 진해만의 대구·청어 어장이나 조기어장은 경제적 가치가 높아 왕가나 개인이 소유·경영하고 어구까지 매매하는 관행이 있었지만, 강원도 어장은 마을 주민들이 공동으로 사용하였고 관습상 매매되지 않았다.

그런데 강화도조약에 의해 부산과 인천, 원산 세 곳의 개항으로 일본인 거류지가 생겨나면서 멸치망을 경영하려는 자들은 주민에게 동의를 얻어 어장 이용권을 지불하는 사례가 점차 늘었다. 원산항에서 수출되는 멸치는 1882년 약 63만 근, 1887년 약 145만 근, 1889년 473만 근, 1891년 567만 근으로 길게 보면 10년 사이에 9배 증가하였다. 그러나 1886년 14만 근이 1887년 145만 근으로 10배, 1890년 31만 근이 1891년 567만 근으로 18

강원과 제주에서는 왜 멸치어업이 성행했을까?

배 넘게 증가하는 등 생산량 예측이 불가능할 정도였다.

이렇듯 멸치의 불규칙한 생산은 상인들 간의 구입 경쟁을 불러일으켜 가격을 상승시켰다. 1893년 2월 원산 거주 일본인 상인들은 서로 규약을 맺어 구입 경쟁을 막고 최저 가격은 유지하는 방법으로 '원산곡물비료회사'를 공동 설립하였다. 이 회사는 조선인 후릿그물 1장의 어획량을 600원으로 정하고 강원도 어민에게 최대 550원 이상은 빌려주지 않을 것을 규약으로 정하였다.[23]

『한국수산지』에 의하면 강원도 간성군 거진 이북에서 군진 사이에 102조나 되는 후릿그물이 운용되었는데 1896년 이전 이곳에는 멸치 후릿그물이 하나도 없었다고 한다. 그러나 1910년 강원도 연안의 총 50개 마을에 멸치어장이 형성되었고 거진, 미구치, 장전, 봉호재, 칠보, 연화동, 송양동이 중심 어장으로 발전하였다. 1909년 거진의 총가구 70호 중 어업종사자는 55호, 어선 20척으로 대다수가 멸치어업에 종사하였으며 일본인이 소유하는 멸치어장은 2곳뿐이었다.[24]

강원도의 후릿그물은 멸치 전용어구로 발전하여 어촌의 풍경을 탈바꿈시켰다. 그러나 멸치 후릿그물이 무분별하게 운용되었고 많은 그물이 운용됨에 따라 멸치가 연안에서 멀리 도망가버렸다.[25] 강원도 멸치어장은 후릿그물어업으로 생계를 해결해주지 못할 정도로 남획된 상태가 되었다.

∞ ∝
후릿그물 어업과 자본의 성격

강원도 어장에서의 멸치 자금은 조선인 객주나 일본 상인이 공급하였다. 강원도 멸치어장은 개인 소유 어장이 없었기 때문에 어장 주민들 중 지배인이나 영업주라고 하는 사람이 보증인이 되어 돈을 빌렸다. 대여 방식은 자본가(일본인 어민)와 함께 공동으로 어업을 하는 경우와 자금만을 빌리는 경우가 있었다.[26]

첫째, 자본가와 함께 어업하는 경우 멸치를 자본가에게 판매해야 하고 자본가는 멸치어장 주변에서 어업 활동을 할 수 있다는 조건이 붙었다. 분배 방법은 총생산액에서 어업 자금의 이자와 그 밖의 모든 잡비를 공제한 순이익의 1할을 지배인의 소득으로 하고 나머지 9할은 다시 반으로 나누어 자본주와 어민들의 소득으로 하였다. 둘째, 자금만을 빌리는 경우에도 모든 어획물의 판로는 돈을 대여한 자본가에게 한정되었다. 자본가는 밀매를 방지하기 위해 지배인 또는 위탁인을 파견하여 어업 활동을 감독하였다. 분배 방법은 총생산액에서 원리금과 잡비를 공제한 후 순이익의 1할을 지배인의 소득으로 하고 그 나머지 이익분은 어민들이 동등하게 나누었다. 선두는 1.5의 비율, 어로장은 1.2, 나머지는 균등 분배하였다.

조선 상인은 50장 이상의 후릿그물에 자금을 융통하였고 일본 상인은 보통 2~12장에 자금을 융통하였다. 이때 상인들은 어민 중에서 부채를 책임지고 상환할 수 있는 책임자로서 '지배인' 또는 '영업주'를 두었다. 제주도에서는 어업 자금을 공급하는 자본가가 거의 일본 상인이었으나 강원도에서는 조선인 객주가 우월하게 후릿그물에 어업 자금을 융통하면서 일본 상인과 함께 멸치 수출을 주도하였다.

한편 자본가와 함께 어장을 공유한다는 조건으로 자금을 빌려준 사람은 모두 일본인이었다. 이 경우 어민과 상인 간에는 다음과 같은 계약을 맺었다.

① 대금은 어황의 좋고 나쁨에 상관없이 매월 3부의 이자를 붙일 것.

② 어획물은 어떠한 사정이 있더라도 자본주에게 판매할 것.

③ 자본주에게 판매할 가격은 삼태기 1배17근에 대하여 시가보다 10문 정도 싸게 팔 것.

④ 어획이 있을 때에는 그 풍흉에 상관없이 빌린 금액을 먼저 공제하여 자본주에게 반환할 것. 그리고 만약 계약 후 매년 흉어가 되었을 때 이자를 현금으로 계산하여 증서를 다시 쓰고 크게 궁지에 처했을 때는 다시 어업 자금을 융통해준다.[27]

어민들은 매월 3부의 이자를 부담하고 시중 가격보다 30퍼센트 이상 싸게 팔아야 했다. 만약 삼태기 하나가 어장에서는 27문ㅊ이라면 자본가는 10문이 더 싼 17문에 구입했다. 그리고 이자는 풍어로 한두 달 사이에 원리금을 다 갚아도 그대로 두었다가 어업 기간 10개월이 모두 끝나고 징수하였다. 이러한 고리대 성격의 자본은 이익을 예측할 수 없는 불안정한 어업을 한층 약화시켜 그 예속성을 강화하였다.

부록 09

어비 제조와 일본 어촌의 형성

제주도와 강원도가 일본의 어비 생산 지역에 포함된 것은, 일본의 어비 제조가 수요지와 원거리에 있는 어촌에서 생산되고 유통되는 체제로 정비되었기 때문이다. 어비로 사용되는 멸치는 가격이 저렴한 건조품 또는 훈제품이었던 만큼 소비자와의 원근 거리를 고려할 필요가 없었다. 선어 출하권 내에 있는 어촌은 고급 어류의 선도가 떨어지지 않게 운송 시간을 단축하는 등 시장과의 관계에서서 발전하였지만 멸치어업은 시장과 멀리 떨어진 원거리 지역에서 생산비를 낮추는 형태로 전개되었다.

이와 같이 일본에서는 17세기경 시장에서 멀리 떨어진 멸치와 청어 어장으로 상업자본이 투자되었고 어촌화가 한층 속도를 내

강원과 제주에서는 왜 멸치어업이 성행했을까?

면서 급격한 어장 개발이 이루어졌다. 도쿄 부근 99리九九里해안에 위치한 지바현은 멸치 후릿그물어장으로 유명하다. 99리해안에는 지바현을 대표하는 나가라군長柄, 야마베군山辺郡, 무사군武射郡을 비롯하여 46개의 어촌이 존재한다. 대형 후릿그물인 경우 60명 이상, 중형망은 50명, 소형망은 50명 이하로 멸치잡이에 수십 명이 동원되었다. 99리해안은 해안평야에 형성되었지만 멸치어장을 끼고 있었기 때문에 자본이 투자되어 급격한 어촌화가 진행되었다.

또한 북해도北海道와 태평양에 면한 산리쿠해안三陸海岸, 가시마나다鹿島灘, 시코쿠 서부의 에히메현, 큐슈 서북부의 히젠肥前, 쓰시마 지역은 판매 시장과 멀었지만 멸치비료가 생산되었다.

북해도의 청어어업은 17세기 무렵에 시작되어 19세기 중엽 폭발적으로 발전하였다. 사가현近江縣 상인들은 마츠마에번松前藩, 북해도에 거주했던 번 가신들에게 세금을 상납하고 아이누족에게 쌀과 신발, 담배, 의류 등 생활필수품을 제공하고 청어어업을 하였다. 오미노구니 상인들은 청어를 비료로 제조하였는데 멸치에 비하여 가격이 매우 저렴하였다. 일본 농서『경작대요耕作大要』에는 밭에 청어비료를 뿌리면 벼가 병에 걸린다고 기록하였지만, 농민은 쌀이나 면화에 멸치비료를 사용하고 값싼 야채류 생산에 청어비료를 사용하였다. 청어비료는 멸치비료보다 2~3배 이상 가격이 낮았다.[22]

북해도 청어어업은 멸치의 생산지보다 먼 북해도에서 이루어졌지만 무상에 가까운 노동력을 이용하여 약탈적 생산구조로 전개되었다. 북해도와 내지를 왕복하는 가타마에부네北前船가 농촌으로 운반하였고 값싼 청어비료의 수요가 증가하면서 북해도 청어어업은 대규모로 발전하였다.

이와 같이 일본의 어비 산업은 원거리 어장에서 소비지 시장으로 어획물을 운송하는 체제로 전개되었다. 상인들은 늘어나는 운송비만큼 생산비 절감을 요구하였고, 노동력을 착취하는 방향으로 이를 해결하였다. 이러한 방식은 조선 어장에서도 그대로 적용되었다.

୫ଓ ଓଃ

멸치어구를 불태운 의병들

1895년 10월 일본 낭인이 경복궁에 난입하여 명성왕후를 살해한 이후 의병 봉기가 전국적으로 일었다. 1896년 5월 강원도 강릉, 양양, 간성, 고성 등지에서 의병 1,000명은 일본 어민 3명을 살해하였고 이들의 시체를 일본에 넘겨준 고성군수 홍종헌洪鍾憲도 보복 살해하였다. 의병들은 일본 어민의 시체를 넘겨준 고성군수의 행위를 일본에 협력한 것으로 여겼다. 그리고 멸치어장으로 몰려와 멸치어구를 빼앗아 불태웠고 강원도 죽변에 있는 일본 머구리어민을 살해했다.[28]

이처럼 강원도 의병들은 멸치어업을 반대하였고 어구를 태워 멸치어장을 없애는 것이 일본인과의 교류를 차단하는 일로 여겼다.

강원과 제주에서는 왜 멸치어업이 성행했을까?

어민들이 멸치를 잡아 그것을 마른 멸치로 만들어 일본인에게 판매하기 때문에 자연히 일본인과의 교류를 매개로 하는 멸치잡이가 더욱 성황하게 된다. 한인과 일본인의 교섭은 더더욱 빈번할 수밖에 없으니 멸치어망을 약탈하는 것이 한·일 인민의 교제를 차단하는 방책이 된다.[29]

의병은 어업을 핑계로 어장으로 침투하는 일본인을 쫓아내려면 멸치어구를 태워버려야 한다고 생각하였다. 그러나 원산주재 일본영사 후타구치二口美久가 자국 정부에 제출한 보고서에 의하면, 강원도 어민들은 "(자신들에게) 호의를 표하고 의병을 격퇴해줄 것을 졸라대며 진정될 때까지 체류할 것을 원했다"고 한다.

의병들은 일본인들의 침탈에 반발하여 멸치어구를 불태우고 일본 어민을 살해하였지만 강원도 멸치어민들은 일본 영사에게 호소하며 의병을 퇴치해줄 것을 요구하였던 것이다. 멸치어민들에게는 당장의 생계 해결이 미래의 일본 시장에 종속되는 상황보다 중요했고, 멸치어업은 생계유지 차원에서 활용되고 있었기 때문에 일본인 세력과 동조한다고 여기지 않았다. 오히려 자신들의 상업을 무너뜨리는 의병들의 행동에 불만을 가지고 있었다.

공동어업, 어장 지배의 타협책

일본 정부와 각 지방 단체는 수산기사와 어업조사단을 강원도로 파견하여 수시로 어장을 조사하였다. 일본 야마구치현 수산시험장은 강원도에서 멸치 양조망어업을 시험 조업하였다. 양조망은 어군을 포위하여 그물을 둘러치는 대규모 어망으로 미국에서 건착망을 도입하기 이전 멸치의 전용어구로 이용되었다. 양조망은 조임고리와 조임줄이 없어 건착망에 비하면 그물 밑으로 멸치가 도망가는 단점이 있었지만, 당시에는 양조망이 멸치잡이에 가장 유리한 어업이었다.

강원도 근해에서 일본인들이 양조망을 시험 조업하자 강원도 주민은 "적의를 품고 음으로 양으로 방해"를 놓으며 크게 반대하였다.[30] 일본 정부는 후릿그물어민과의 마찰을 예상하여 어장 실험을 중단할 수밖에 없었다. 조선을 완전히 지배하지 못한 상태에서 조선인을 자극하여 반일감정을 일으키는 것은 일본으로 수출하는 멸치어업을 중지시키는 것과 다름없다고 보았기 때문이다.[31]

그 대신 어업 자금을 매개로 조선인과의 공동어업을 장려하였다. 일본 수산기사는 "일본에서 많은 어부를 고용해 (양조망)어업

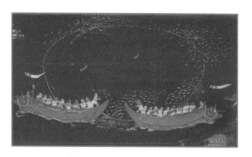

1895년 구마노(熊野) 신사에 봉납된 개량 양조망 그림 액자

을 하려면 왕복에 많은 시간과 경비가 든다. 풍흉에 관계없이 여러 가지로 귀찮은 일이 많지만 공동어업을 하면 여러 가지로 편리하다"고 공동어업의 편리성을 강조하였다.

「마쓰자키 농상무성 서기관이 의뢰한 어업상의 조사응답서」에는 강원도 어장에서 일본인이 조선인과 공동어업을 하게 된 계기가 자세히 기록되어 있다. 강원도 어장으로 진출한 일본 어민 오쿠다奧田가 강원도 어민들의 반대로 어장을 이용할 수 없게 되자 일본 정부가 조선인과의 공동어업을 주선하였다는 것이다.[32] 일본 정부의 주선으로 만들어진 각서는 다음과 같다.

① 마을 어민과 오쿠다는 협동어업에 종사한다조선인 출자 노력 16인, 오쿠다 출자 노력 14인. 멸치 건조는 촌민이 부담하고 그 제품은 조선인과 일본인이 절반으로 나눈다.

근대의 멸치, 제국의 멸치

② 방어, 삼치 어획물 중 10분의 3은 조선인에게 주고 10분의 7은 일본인이 갖는다.

③ 마을 연안 외의 장소에서 어획한 것에 대해서는 어떠한 분배도 하지 않는다. 또한 다른 곳에서 잡은 어획물을 해안에 가져와 건조하는 일에서 일본인은 한국인에게 어떠한 보수도 주지 않는다.[33]

강원도로 진출한 일본 어민 오쿠다가 조선인의 반대로 어장을 이용할 수 없게 되자 일본 정부가 개입하여 조선인과 상업적 관계에 있는 자본가 나츠메夏目를 이용하여 공동어업을 주선하였다.[34] 오쿠다는 멸치, 방어, 삼치류 등을 어획하여 강원도 어장을 기반으로 일제강점기 수산업계 대부가 되었다.[35]

이렇게 일본인은 강원도 어장에서 멸치어민에게 어업 자금을 대여하는 조건으로 어장 진출이 가능하였고 이것이 일본인으로 하여금 강원도 어장을 독점하는 계기가 되었다. 조류의 영향을 크게 받는 후릿그물어장으로 일본인들의 출입이 잦아졌고 후릿그물어구가 증가하면서 멸치는 먼 바다로 도망가버렸다. 매년 자본을 빌려 어장 경영을 해온 강원도 어민은 멸치가 해안 가까이 오지 않게 되자 자본에 더욱 종속되어갔다. 자본에 매여 매년 멸치를 재생산해야 하는 노동자적 생활은 고단하였다.

강원과 제주에서는 왜 멸치어업이 성행했을까?

이와 같이 일본인의 어장 진출과 멸치 수출로 조선 어업은 첫째, 조선인 멸치어업에 상업적 어업이 강화되면서 단일 어장이 형성되었고, 둘째, 자본 축적이 미약한 조선 어민은 고리대금에 허덕여 어업노동자로 전락하였으며, 셋째, 일본 정부의 압력과 일본 어민의 어장 이용으로 조선인 연안어업은 파괴되어 어장 소유가 무의미하게 되면서 식민지적 어업 구조의 전제 조건이 성립되고 있었다.

6

일제는 어떻게
조선 어장을
독점했을까?

일본에서는 정어리가 어비와 가공식품 등으로 다양하게 이용되었기 때문에 뒤늦게 자원화된 멸치를 정어리의 한 종류로 취급하고 있다. 우리나라에서는 일찍이 까나리, 밴댕이, 청멸, 정어리 치어 등 작은 물고기들을 멸치라고 하고 지금도 정어리와 멸치를 구분하고 있지만, 일본에서는 멸치와 정어리를 동일한 개념으로 사용하고 있다.

따라서 이 책에서는 일제강점기 정어리어업을 멸치어업으로 파악하였고 이 어업이 우리나라 동해안에서 독점적으로 개발되는 과정을 일본의 특수한 식민지적 어업이라고 규정하였다. 참고로 일제강점기 조선의 멸치 어획량은 1911년 9,428톤이었지만 1935년에는 약 80만 톤, 1939년 120만 톤으로 약 30년 사이

일제는 어떻게 조선 어장을 독점했을까?

120배 이상 증가하였다. 일제강점기의 멸치정어리는 조선 총어획량의 50퍼센트, 제조업의 50퍼센트를 차지하는 최대의 단일 어업으로 발전하였고 조선 어장은 멸치정어리어장으로 편중되어갔다.

৪০ ৫৩
소청어가 돌아왔다

정어리 대어군이 조선 연안으로 몰려온 것은 1923년 일본 관동대지진이 일어난 직후라고 한다. 함경북도 성진을 중심으로 폐사 상태의 정어리가 대량으로 해안에 표착하여 폐사된 후 바다로 가라앉아 어부의 가슴까지 쌓였다고 한다. 이리하여 함경북도 성진항은 이를 모으거나 잡으려는 수많은 인파가 몰려와 성시를 이루었다.[1] 한때는 관동대지진의 영향이 정어리의 회유를 가져왔다는 설도 있었지만, 현재 학계에서는 당시의 지진과 직접적인 관련이 없다는 것이 중론이다. 그보다는 당시의 정어리 내유와 폐사 현상이 바다 하층의 냉수가 저압층에 의해 현저히 상승하여 내습함으로써 일어났다고 설명한다.

1923년 10월 31일 자《동아일보》는 당시의 상황을 「성진 근해에 소청어小靑魚가 산적」이라는 제목과 "조수의 관계로 밀려들어

성진항의 유자망어선

와 손으로라도 건질 만하다"는 부제로 다음과 같이 보도하였다.

요사이 성진 부근의 바다에는 난데없는 고기떼가 밀려와서 손으로라도 마음대로 건질 만한 형편이므로 성진 시민들은 남녀노소를 물론하고 해안에 나가 그것을 주워 들이는 형편인데 그 고기는 속된 말로 소청어小靑魚이며 벌써 칠팔 일 동안 모든 시민이 일제히 잡아들인 까닭으로 지금 성진 해안은 마치 정어리 천지가 된 모양이다.[2]

정어리가 청어 새끼인 소청어라는 별칭으로 1923년 이후 신문지상에 크게 보도되었다. 정어리 대어군이 내유할 때는 "그 위에 판자를 놓고 사람이 올라서도 내려앉지 아니한다"고 할 정도로 대단히 큰 어군이었다.[3] 정어리 어군이 몰려오면 성진城津과

이진梨津 사이를 항해하던 300톤급의 기선도 항해가 어려웠고 이러한 사정은 영일만 근해에서도 마찬가지였다. 정문기 박사는 대어군의 길이가 100여 척, 폭이 200~300리에 달하여 비행사가 섬으로 오인할 정도였다고 회고한다.

1929년 우리나라 청진 근해에서 비행기로 정어리 어군을 탐지하고 있을 때의 일이다(당시 비행사는 신용욱 씨였다). 하루는 비행기로 정어리 떼 탐지를 끝마치고 청진으로 돌아오는 길에 청진 근해에 지도도 없는 한 섬이 나타나 방향 찾기에 한참 당황하다가 가까스로 청진 비행장에 착륙하였다. 정어리건착망어업조합 사무실에서 지도를 펴놓고 조사한 결과 비행기에서 본 섬은 진짜 섬이 아니고 정어리 떼임을 짐작하게 되었다. 다시 비행기로 확인한 후 무전으

함남 북청 마양도 정어리 어획 광경

로 알리어 많은 어선을 출동시켜 대ㅅ어획을 했다는 사실이 있다.[4]

이처럼 1920년대 중반 동해안에서는 정어리 떼가 내습하는 통에 많은 양이 폐사하여 바다가 온통 정어리로 뒤덮였다.[5] 갑자기 몰려온 정어리를 함경도 명태어민들은 명태어구로 잡았고 일본인들도 각종 정치망, 청어자망, 고등어 건착망으로 어획하였다. 어민들은 정어리를 삶아 압착하여 기름을 뽑아냈고 그 찌꺼기를 비료로 수출하였다.

.

❧ ❧
정어리어구 유자망의 변천

정어리 회유가 지속되면서 일본인들은 본격적인 어장 개발에 착수하였다. 정어리어업이 본궤도에 오른 1929년에 어구별 정어리 어획량을 조사한 자료에 의하면 유자망流刺網 87퍼센트, 건착망 10퍼센트, 정치망 3퍼센트로 되어 있다. 같은 해 도별 정어리 어획량을 살펴보면 함경북도 46퍼센트, 함경남도 26퍼센트, 강원도 18퍼센트, 경상남도 6퍼센트, 경상북도 2퍼센트의 순이었다. 1929년 정어리 총어획량 27만 톤 중 유자망 어획량이 22만 톤으로 정어리어구는 유자망이었고 함경북도가 전체 어획량의

46퍼센트를 차지하는 중심 어장이었다.

유자망은 수면이나 수면 가까이에 표류시켜 그물에 꽂힌 고기를 어획하는 어업이다. 1923년 10월 강원도 주문진 근해에서 어업 시험에 종사하던 중에 정어리 대어군의 내유를 알게 된 강원도 수산시험장 기수 오오야마大山繁夫가 나가사키현 수산강습소의 유자망을 도입하여 주문진에서 조업하였다. 이후 유자망어업은 멸치 및 정어리 어업의 전용 어구가 되었다. 이 유자망 어구를 범선에 이용하면 범선유자망어업, 동력을 단 기선에 이용하면 기선유자망어업이라고 한다. 범선유자망은 길이 30척尺, 1척=30.8cm, 넓이 9척 내외의 범선을 사용하였는데 명태어민들은 자신들이 이용하던 명태어선으로 유자망을 구입하여 정어리를 잡았다. 범선유자망어업이 명태어민들에 의해 이루어진 것이다.

기선유자망어업은 1920년대 말 등장한 15~20마력의 일본식 발동기어선을 이용한 어업이다. 원거리 어장일 경우 기선유자망어선은 무동력인 범선유자망어선을 밧줄로 연결하고 어장까지 끌고 갔다가 다시 범선을 끌고 왔다. 지금은 사라진 해선망일명 명텅어리어선처럼 원거리 이동이 어려운 범선유자망어선을 동력선이 이끌었다. 유자망은 면사로 제작되었으며 그 길이는 50미터 내외를 1필疋로 하고 범선유자망은 20필, 기선유자망은 30~40필의 것이 주로 사용되었다. 가을철에 어군이 농밀할 때는 어망 파손

등의 위험을 피하기 위하여 그 필수를 반으로 줄였다.

함경도는 명태어장 중심지였으나 정어리가 회유하면서 명태어민들은 간단히 유자망을 구입하여 정어리어업으로 전환하였다. 정어리유자망어업은 함경도 명태어민들이 사용한 자망과 어법이 서로 비슷하였기 때문에 크게 발전하였다. 명태어민은 겨울철 명태어업이 끝나면 봄과 가을에는 정어리어업으로 전환하였다. 정어리 제조품정어리 기름과 비료은 일본으로 수출되어 경화유 원료나 농업용 비료로 이용되었다. 따라서 정어리는 모두 현금 매입되었기 때문에 어민에게 매우 유리한 어업이었다. 명태어업은 겨울철 어업이고 고리대금인 이자가 30퍼센트를 넘었으나 정어리어업은 매매가격의 30~40퍼센트를 즉시 현금화하여 계약금도 지불하였다.

범선유자망어민들은 명태잡

함북 서수라의 정어리어업

함경남도 신포항 정어리 양육 광경

강원도 영북진 멸치정치망 조업 과정

일제는 어떻게 조선 어장을 독점했을까?

150근 멸치섬

이 목선으로 정어리 어군이 통과하는 장소를 정하여 그 어군을 차단하는 위치에서 자망 길이 50미터를 내리고 그물코에 걸리게 하여 잡았다. 명태어선에 5명이 탔다. 어업 자금은 망과 부속대 300원, 어부 5명의 전대금 각 20원, 식량 6개월분 210원으로 총계 610원이 필요하였으나 정어리 제조업자가 어획물을 위탁받는 조건으로 빌려주었다. 어민들은 순이익에서 배의 소유자가 2분, 선장이 3분, 나머지는 어민들이 골고루 나누었다.[6]

기선유자망은 일본인들의 소유였는데 이들은 발동기선에 20~40미터의 유망流網을 탑재하고 정어리 제조업까지 겸하였다.

1920년대 정어리 유자망어업이 발전하여 1927년에는 범선유자망 1,996척, 기선유자망 24척, 기선건착망 61척이었으나 1929년에는 범선유자망 3,729척, 기선유자망 97척, 기선건착망 123척으로 증가하였다. 그러나 1930년 세계 경제공황 이후 생산성이 낮은 범선유자망은 감소하였고 그 대신 자본재어업인 기선유자망과 기선건착망 어업이 발달하였다. 기선건착망은 1930년 정어리 총어획량의 13퍼센트 정도였지만 1935년 57퍼센트, 1938년 77퍼센트로 크게 증가하였다. 1935년 이후 정어리어업의 생산량 증가는 일본인 자본가가 주도한 기선건착망에 힘입은 것이었다.

건착망은 수심이 깊은 어장에서 어군이 그물 아래쪽으로 피하는 것을 보완, 그물의 아래 깃에 고리를 달고 여기에 죔줄을 꿰어서 어군을 그물로 완전히 포위하여 어획하는 어업이다. 이때 죔줄은 그물의 아래 언저리를 주머니 모양으로 조이는 기능을 한다. 정어리 기선건착망어선은 17~18톤, 50~60마력에 불과하였으나 이후 대형화하여 40~60톤, 130~200마력의 발동기를 장착한 것이 운용되었다. 톤수 및 마력수의 증가로 성능이 향상되었을 뿐만 아니라 조업 통수도 1929년에 123통이던 것이 1940년에는 그 수가 5배로 증가하였다.

1937년에는 항공기에 의한 정어리 탐색이 시작되었다. 어군을 탐지하는 비행기에는 어로장이 탑승하여 바다 위 가까이 날면서 어군의 크기와 그 진로를 확인하였고 출어 중이거나 기지에서 대기하고 있는 기선건착망어선에 육성이나 통신으로 알렸다.

정어리 건착망은 한 망이 1,000통樽에 달하는 일이 흔하였다고 한다. 1,000통은 무게로 100만 톤에 해당하는 막대한 양이다.

일제는 어떻게 조선 어장을 독점했을까?

신포항의 건착망어선

그러한 기선건착망 어업근거지가 들어선 곳은 정어리의 유영 속도가 느리고 자원 밀도가 높은 함경북도 연안이었다.

☙ ❧
청진항과 멸치제조업

앞서 언급한 대로 개항기 어비魚肥는 조선인 어민이 어획한 멸치로 제조되었다. 그러나 동해안으로 회유한 정어리가 그 자리를 대신했다. 정어리 유비油肥 공장은 정어리를 삶아 기름을 분리하여 어유경화유, 중합유, 석유, 글리세린, 가공버터와 어박魚粕, fish meal을 생산하는 제조업이다. 이 대규모 제조업 공업단지는 동해안의 청진, 나진, 신포, 흥남 등지에 건설되었다.

정어리는 공기 중에 방치하면 산화되어 생선으로 소비하기 어렵다. 따라서 대부분은 통조림, 비료, 어유, 어분으로 가공되었는데 1920년대부터 일본의 유지공업이 발달하면서 어비보다는 어유 시장이 크게 확대되었다.

정어리 가공은 처음에는 손으로 눌러서 짜는 수착식手搾式이었으나 수압식水壓式으로 진화하였고, 이는 다시 기계식으로 발달하여 운반 → 끓임 → 압착 → 건조 → 분쇄 등 일련의 작업이 근대

청진 공장의 전경

적 설비를 갖춘 대형 공장에서 이루어졌다.

이 작업의 내용을 살펴보면, 어장에서 정어리를 가득 실은 운반선이 기항하면 즉시 매시간 300통약 30만 톤을 운반하는 컨베이어로 정어리가 선내로 인양되었고, 정어리는 나선식 펌프에 의해 공장 안으로 옮겨져 끓이고 압착하는 공정을 거쳐 기름어유과 지꺼기로 분리되었다. 그리고 지꺼기는 증기와 열기에 의해 건조되어 불과 2시간 만에 갈색의 어비로 탄생하는, 당시로서는 고능률의 제조법이었다.

청진은 정어리 어업근거지로 유비를 생산하는 정어리어업 중심지였다. 그곳에는 부지 8,000평에 1일 1만 통의 정어리를 처리하는 유비 공장도 있었는데 그 공장의 설비와 제조기술은 세계

기름 짠 정어리를 건조하는 모습

최고 수준이었다. 이 밖에도 동해안 연안 각 항구의 영세 유비 제조업체들은 소규모로 노천 작업을 하였는데 이곳에서는 정어리를 철제 솥에 삶은 뒤 압착하는 원시적 방법으로 유비를 생산하였다.[7]

고성군 거주 홍종표 씨90세는 정어리를 압착기로 짤 때 생기는 물수분을 거름으로 삼았다고 한다. 유비 제조 과정에서 흘러나오는 수분을 주전자나 빈 깡통에 받아다가 밭에 뿌렸다. 정어리 지게미[魚粕]를 살 수도 없었고 팔지도 않았지만, 정작 당시에는 이 지게미가 어떤 용도로 이용되었는지도 몰랐다고 한다.

청진 노천 압착 작업

일제는 어떻게 조선 어장을 독점했을까?

1930년대 들어 화학비료가 값싸게 공급되었지만 어비는 어유와 함께 일본이 패망할 때까지 계속 생산되었다. 개항 이후 줄곧 일본의 비료 공급지로 이용되던 조선 어장은 경화유공업의 등장으로 어유 공급지로 부각되어 일제의 식민 지배와 그 운명을 같이했다. 정어리로 만든 어비는 미곡을 증산하는 비료, 어유는 가솔린 부족을 대신하는 기름, 통조림 등은 일본인들의 체력을 증진하는 식량으로 그 가치가 뛰어났다. 그러나 1939년 120만 톤이던 정어리 어획량은 1940년 96만 톤, 1941년 63만 톤, 1942년 2,535톤으로 큰 폭 감소하였다.

1940년대 태평양전쟁을 앞두고 정어리가 크게 감소하자 일본은 많은 비용을 들여 동해안 일대의 조류를 조사하였지만 감소

청진어량공업회사의 수압착박기

근대의 멸치, 제국의 멸치

원인은 밝혀낼 수 없었다. 다만 앞으로는 조업 활동에 가솔린 사용이 많은 건착망어업을 폐지할 것을 권고하였다.[8] 1943년 총독부는 건착망 174통을 다른 방면으로 전환할 것을 확정하고 정어리 증산정책을 포기하였다.[9] 제조공장은 휴업에 들어갔고 청진에 있는 경화유공장은 알루미늄공장으로 전환되었다. 일제의 패색이 짙어지면서 식민지 조선의 정어리는 조선 해역에서 그렇게 사라져갔다.

℅ ℃
폭약의 원료가 된 어유

일찍이 일본에서는 청어나 정어리를 압착한 찌꺼기를 어비로 이용하면서 그 부산물인 어유가 다량으로 생산되고 있었다. 어유는 등잔불을 밝히는 데 이용되었을 뿐 거의 쓸모가 없었다. 그런데 1900년경 유럽에서 경화유공업이 발생하면서 일본산 어유가 외국으로 수출되었다. 일본에서는 쓸모없고 냄새 나는 어유가 외국에서는 다양한 식재료와 생활용품으로 이용되고 있었다.

경화유Hydrogenated oils는 액상의 기름을 고체 상태로 가공한 것을 말한다. 어유나 콩기름 등 액상 기름에 수소H_2와 니켈Ni, 촉매을 넣고 고온에서 반응을 시키면 액상의 불포화 지방산이 포화 지방산인 딱딱한 고체 상태의 경화유로 변한다. 이것을 가공하여 마가린, 양초, (비누 원료인) 지방산, (화약 원료인) 글리세린을 만들었다.

일본 경화유공업은 경화유의 수요가 급증하는 제1차 세계대전 발발을 계기로 발전하였다. 막대한 전비와 900만 명의 인명 피해가 발생한 전쟁의 소용돌이 속에서 일본은 경화유공장을 설립하고 외국으로 경화유를 수출하였다. 전쟁이 끝난 이후 일본 정부는 글리세린 자급화를 계획하면서 1915년 「염료의약품제조장려법染料醫藥品製造獎勵法」을 제정하여 10년간 8퍼센트의 배당을 보증하는 자본금 300만 원의 '일본 글리세린 공업주식회사'를 설립하였다. 글리세린은 우지 또는 경화유를 정제하여 만드는데, 후자는 어유를 가공하는 과정을 거쳐 생산되었으며, 이 공업을 경화유공업이라고 한다.[10]

한편, 제1차 세계대전이 끝나면서 일본의 경화유 생산은 과잉 상태가 되었다. 그러나 1924년 이후 일본산 경화유가 다시 유럽으로 수출되었고 이 시기 이미 유럽에서는 경화유로 가공한 화약이 개발되고 있었다. 우지에서 추출한 글리세린으로만 화약을 제조하던 일본은 경화유에서 추출한 글리세린도 우지에 못지않은 품질력이 있다는 사실을 알게 된 것이다. 따라서 일본은 전량 수입하는 값비싼 우지를 대신해 어유를 글리세린의 원료로 하는 경화유공업을 전략적으로 육성하기 시작했다.[11] 경화유공업 육성정책으로 조선의 어유 생산량은 1925년 약 5,000톤, 1927년 약 3만 2,000톤, 1929년 4만 4,000톤, 1935년 약 10만 2,000톤으로 증가하였다. 5년 새 7,000톤 이상 증가한 수치였다.

ᏸ Ꮳ
세계 대공황과 정어리 통제책

1929년 세계적 불황으로 어유 소비가 정체되고 경화유 소비 감소로 어유가 과잉 공급되는 상태가 되었다. 조선산 어유 가격은 1927년 1드럼 4원 15전이었으나, 1928년 3원 75전, 1929년 2원 60전까지 하락하였다. 1930년에는 1원 35전으로 급락하였다. 또한 정어리비료는 1929년 100근의 가격이 7원 50전이었으나 1930년 4원 20전으로 떨어졌다. 이러한 제조품 가격 하락으로 정어리 가격은 1통당 3원에서 1원 20전으로 급락하였다.[12] 정어리어민은 정어리 제조품 수출 두절과 제조공장의 폐쇄로 정어리어업을 그만둘 수밖에 없는 처지가 되었다. 정어리어장을 순찰한 총독부 기사는 정어리어업 관련 구제책을 마련하지 않으면 심각한 위기 상황이 올 것이라고 예견하였다.

일제는 어떻게 조선 어장을 독점했을까?

각지의 민심이 동요하여 (어유 제조 작업이) 일시 중단되었지만, 어업 자금이 융통되면서 제조 작업이 점차 늘고 있으나 여전히 휴업 중인 자가 상당하다. 금후 사태가 중대할 것으로 보인다. …… 경찰국에서는 조선 정어리 제조가 중지되는 상태가 되면 어부, 노동자가 실직을 당한다. 이 방면의 대책에 고심하고 있다.[13]

1930년 6월 총독부는 정어리 제조업이 일시적으로 중단되자 정어리어업을 대표하는 어민, 제조업자, 수출 상인을 불러 모아 대책을 논의하였다. 총독부 마쓰무라松村 식산국장은 "정어리 제품의 가격 폭락을 방임하면 생업을 유지할 수 없을 뿐만 아니라 재기 불능에 빠져 조선 어업 최고를 점하는 정어리어업을 영구히 조선에서 잃어버리게 된다"며 정어리 제조품 통제책을 강구할 것을 표명하였다.[14]

총독부가 발표한 정어리 제조품 통제책을 살펴보면, 첫째, 정어리 생산을 제한할 것, 둘째, 제조 생산비를 절감할 것, 셋째, 정어리 제품을 함부로 파는 것을 자제할 것, 넷째, 제품 판매 방법을 개선할 것 등이었다. 즉 정어리 제조업의 중요성을 감안하여 세계적 경제 불황에도 정어리 생산과 제조, 판매 경로를 일괄적으로 통제하고 지속적으로 제조한다는 계획이다. 이러한 정어리 제조품 통제책에 따라 총독부는 함북, 함남, 강원, 경북, 경남에 정어리유비제조수산조합鰯油肥製造水産組合, 제조조합을 설립하여 어업자금을 융통하고 정어리 제조품 가격을 통제하기 시작하였다.[15]

1. 생산 제한

　(1) 수량 제한

　　　① 어유 200만 드럼을 기준으로 한다.

　　　② 비료 60만 가마니俵를 표준으로 한다.

　(2) 제한 방법

　　　① 어업 제한: 총독부가 제한한다.

　　　② 비료면허 제한: 총독부가 제한한다.

　　　③ 제조량 제한: 수산조합이 이것을 제한한다.

2. 판매 통제

　(1) 판매 계통: 제조업자 → 수산조합 → 판매조합 → 구매자 순으로 한다.

　(2) 판매조합

　　　① 판매조합은 원칙적으로 관계 각 도에 설치한다.

　　　② 판매조합은 익명조합으로 한다.

　　　③ 판매조합원이 될 수 있는 자는 조선에 거주하는 정어리 제품이 수출업자 또는 정어리 제조업자에 대하여 자금을 빌

려준 상인 중에서 일정량을 취급 또는 자금을 가진 자로서 수산조합으로부터 지정을 받은 자에 한한다.

④ 판매조합은 일정한 수수료를 받을 수 있다.

(3) 판매 방법

① 수산조합의 공동판매는 그 조합원이 제조한 제조품으로 전량을 판매조합에 위탁하는 방법으로 실시한다.

② 판매조합은 위탁받은 제품의 전량을 따로 정한 가격을 가지고 구매자에게 이것을 넘겨준다.

(4) 밀매 방지

① 수산조합원의 밀매 방지는 수산조합 규약에 의해 정한다.

② 판매조합의 밀매 방지는 계약에 의해 정한다.

③ 판매조합원의 밀매 방지는 수산조합의 지정 무효에 의해 정한다.

3. 자금융통

(1) 준비자금

① 상당액을 수산조합이 마련하여 조합원에게 빌려준다.

② 수산조합은 31년 내에 10만 원 이상의 손실보전준비금을 적립한다.

(2) 운전자금 판매조합이 이것을 융통한다.

4. 수산조합 사업

  ⑴ 제조 준비 자금 대부

  ⑵ 드럼, 가마니, 어구를 공동 구입한다.

  ⑶ 필요에 따라서 위의 비용을 충당하기 위해서 따로 자금을 만들 수 있다.[16]

　총독부는 먼저 어유 200만 드럼, 비료 50만 섬을 기준으로 하여 범선유자망 3,440척1척당 450드럼, 기선유자망 480척1척당 250드럼, 기선건착망 50척1척당 5,000드럼으로 조업 척수를 제한하였다. 그리고 여기서 생산된 제조품은 제조조합을 통해서 판매할 것, 제조조합은 제조업자에게 제품 구입비로 범선 1척당 150원, 기선유자망 1척당 250원, 기선건착망 1척당 1,500원을 융자할 것, 운송은 조선우선주식회사朝鮮郵船株式會社가 담당하여 일본으로 운송도록 하였다.[17] 생산지에서 소비지까지의 판로를 통제함으로써 최저 가격으로 유비 제조품을 생산하고 경화유공업을 발전시키자는 것이다. 또한 어유 가격은 한 드럼에 1원 15전, 어비는 한 가마니에 2원 80전으로 결정되었다. 이 정어리 통제책은 5년 기한으로 1931년 4월부터 1936년 3월까지 실시하기로 결정하였다.

　이 기간에 총독부는 어유를 최저 가격으로 통제하면서 경화유공업을 육성하였다. 이 과정에서 정어리 제조업자의 불만을 달

래기 위하여 1931년도 어유 초과분 70만 드럼에 대하여 보상금을 지불하였고, 1932년에는 경화유 판매가격에서 정어리 가격을 역산하는 방식으로 80원이라는 과대한 경화유 가공비를 산정하면서 실제로는 65드럼밖에 필요하지 않는 어유를 72드럼으로 하여 경화유공업에 유리하게 조정하였다. 경화유공업은 1931년부터 1936년까지 값싼 조선산 어유를 마음껏 이용하면서 세계적 불황을 극복하고 생산 기술을 높여 성장 기반을 창출하였다.

총독부의 정어리 제조품 통제책은 "일본의 각종 수산조합 통제와 같이 불철저한 통제와는 각별한 차이가 있다는 것을 인정하지 않으면 안 된다"고 할 정도로 완벽한 통제책이었다.[18] 이러한 조선산 어유의 대량 생산과 최저 가격 유지로 일본의 경화유공업은 발달하였다. 한편, 총독부는 어유가 일본 소수의 상인들에게 독점되어 외국으로 수출되는 것을 개선하여 총독부가 직접 외국으로 수출하는 방안과 조선 내 경화유공장을 육성하는 '조선 공업화' 정책을 수립하였다.

∞ ☙

조선의 경화유공장 설립 붐

일제강점기 대륙 침략 군수공업인 경화유공업은 정어리를 원료로 했다. 총독부는 어유가 대량 생산되는 어장의 이점을 이용하여 조선 내 경화유공업 육성책을 폈고 이 정책에 따라 1932년 3월 흥남에 조선질소비료주식회사가 건설되었다. 조선질소비료주식회사는 일본 내 경화유 회사들을 규제하던 통제책에서 벗어나 대량으로 조선산 어유를 사용하여 경화유를 생산하고 동 회사가 생산한 수소를 마음대로 이용할 수 있다는 조건 등에 힘입어 일본 내에서 가장 큰 경화유 회사인 합동유지주식회사의 절반 규모인 2만 톤의 제조공장으로 성장하였다. 당시 조선질소비료주식회사 사원이던 오카와小川 씨의 회고에 의하면, 조선질소는 마음대로 어유를 사용하면서 경화유에서 화약 원료인 글리세린만 분리하고 그 부산물인 지방산 등을 버렸다. 지방산이 산처럼 쌓여가자 그는 매일 밤 지방산 꿈을 꾸게 되었다고 한다. 노구치 사장에게 지방산으로 비누를 만들자고 하면 그는 "바다에서 가져온 것이므로 바다에 버려라"라고 엄한 일책을 들었다.[19] 조선질소는 과잉 공급되는 조선산 어유를 마음대로 사용하면서 글리세린으로 화약 등을 제조하여 거대 재벌로 성장하였다.

이후 일본 내 경화유 회사들도 경화유 원료를 찾아 조선 연안에 공장을 설립하였다. 자본금 150만 원, 하루 생산량 800톤급의 조선유지주식회사, 1937년에는 조선유비수산조합과 미쓰이三井가 합작한 자본금 500만 원의 협동유지주식회사가 청진에 경화유공장을 설립하였다. 이 회사들은 정어리 제조품 통제기간 중 총독부로부터 1,000분의 120, 1,000분의 40의 어유를 분배받았다.[20]

조선 내 경화유공장 설립으로 조선에서도 어유가 대량 소비되었는데 국내 어유 소비량은 1931년 전체의 14.6퍼센트, 1932년 27.2퍼센트, 1933년 이후에는 58.5퍼센트, 1934년 55.8퍼센트, 1935년 50퍼센트, 1936년 60퍼센트로 증가하여 국내의 경화유 회사가 일본 내에 있는 경화유 회사보다 더 많이 어유를 사용하였다. 더욱이 1937년 협동유지주식회사가 조선에 설립되면서 조선산 어유 배급을 둘러싸고 내분이 일어났고 일본 내의 경화유 회사는 더 이상 조선산 어유를 확보하지 못할 것이라는 불안에 휩싸였다.[21]

이로 인해 일본 경화유 회사들은 조선 내 경화유 회사를 합병하고 어업 회사를 매입하여 스스로 어유를 확보하려고 하였다. 1937년 닛산日産 계열인 일본유지주식회사는 조선유지주식회사를 합병하면서 1938년 봄에는 신흥어업, 북선수산공업, 공해흥산, 능미어업, 서호어량, 신포어량, 장전어량 등 7개의 수산회사를 매입하고 서수라, 어대진, 양화, 황진 등에 4개 공장을 경영하였다. 이렇게 하여 일본유지는 어업 → 어유 제조 → 경화유 제조 → 분해 과정을 조선 어장에서 일괄적으로 처리하였다. 이처럼 일본의 경화유 회사는 조선산 어유를 이용하기 위해 조선에 경화유 회사를 설립하는 방향으로 나갔다.[22] 그 결과 함경도 연안에 대륙 침략 병탄기지의 공업단지가 건설되었다.

ဢ ဣ

개발 성장론의 논리 비약

정어리는 난류성의 어종으로 봄철 북상하는 난류를 따라갔다가 다시 먹이를 찾아 내려왔으므로 4월부터 12월까지 장기간 어획되었다. 조선의 정어리는 크고 지방이 많으며 일정 지역에서 대량 어획된다는 점에서 일본 정어리어업에 비하여 산업적 측면에서 경제적 가치가 뛰어났다.

《동아일보》는 1926년 6월 1일 "정어리 어획 유망[大羽鰯漁獲有望]"이라는 제목으로 다음과 같이 보도하고 있다.

함남 연안 일대는 400년 이래로 명태어의 어획이 비상히 번성하여 수백만 동포의 유일한 재원이 되었던바 수년 전부터 조류의 격변으로 명태의 어획이 부진하여 일반은 우려 중이던바 이번 여름에 정어리의 유영이 매우 왕성하므로 함남 각지의 일반 어업가는 대대적 준비에 분망 중이라 하며 전기 정어리는 북해도에서 다산물이라 하며 공업용 기름과 비료 판로가 상당히 넓어 일반 당업자의 투자도 상당히 많다더라.

1921년경 정어리 총어획량 7만 2,000톤 가운데 약 1만 7,000 톤인 23퍼센트를 조선인 어민이 어획하였다. 1927년 정어리 총 어획량은 27만 톤으로 1921년에 비하여 3배 이상 증가하였고 이 가운데 조선인 어민은 15만 톤을 어획하였다. 1921년에 비하여 조선인의 정어리 어획량은 8배 정도 크게 증가하고 있었다. 이 후 조선인 정어리어업이 꾸준히 발전하면서 1931년 정어리 총생 산량 37만 톤의 약 70퍼센트인 24만 톤을 조선인 어민이 어획하 게된다. 세계 경제공황이 일어난 1931년 이전까지 정어리어업은 조선인 어민에 의해 주도적으로 이루어지고 있었다.

한편 일제강점기 한국 어업의 발전 과정을 논한 다케우치 도 모야스竹國友康는 일제강점기 명태 생산량 증가를 '개발 성장'의 논 리로 풀이하였다. 그는 '일본의 식민지 통치는 무엇을 남겼는가' 라는 주제로 지금까지 한일 양국에서 주장해온 '수탈론'과 '근대 화론'의 입장을 벗어나 일제강점기 조선 어업을 현대적 의미에 서 해석하면 근대 자본주의적 형태인 남획이 본질이었다고 주장 하였다. 그는 "1970년대 고도성장을 목표로 한국 정부가 '증산'을 호소함으로써 명태는 장기적으로 회복이 불가능할 정도로 치어까지 남획되었다. 이것은 종전에 있었던 개발 원리의 연장선"이라고 하였다. 그리하여 그는 "식민지의 잔재성은 일본의 식민지 지배 근저에 있었던 개발 원리 자체를 정면으로 마주하지 않은 채 해방 뒤에 '경제 부흥과 성장'을 내건 한국 수산 행정 아래에서 그 원리를 이론적으로 뒷받침해왔다는 점에 있지는 않을까?"라고 묻고 있는 것이다.[23]

다케우치가 현재 한국의 남획적 어업 현상을 식민지 개발 원리로 해석한 발상은 적절한 지적으로 총독부의 개발 정책이 해방 이후 한국 어업정책에까지 반영되어 무분별한 어장 개발로 이어졌다는 역사적 성격을 말하고 있는 것이다. 그런데 그는 어장 개발의 주체를 일제강점기 명태어업을 경영한 조선의 어민으로 지목한다. 조선인 자본가가 남획의 주체가 된다는 주장이다. "어떤 사람은 새로운 저인망어업에 나서고 어떤 사람은 혹한 거친 바다에서 그 어려움에 격투하였다. 이러한 주체적 행동으로 명태어업의 주도권을 한국인이 장악할 수 있었다." 그는 명태 기선저인망 조합원 40명 중 7명이 조선인이라는 점, 명태 어획량이 1930년대 증가하였다는 점을 거론하며 어장 개발에 앞장선 조선인 어민상을 강조한다.

그러나 일제강점기 명태어장을 개발하고 명태어업을 주도한 사람은 일본인이었다.[24] 당시 총독부의 어업정책은 "조선과 같은 빈약한 경제에서 명태와 같은 말린 물고기를 매년 50만 원씩 일본에서 수입하는 것은 정말로 통탄스러운 일이다"라고 하며 식량 공급을 위한 어장 개발에 몰두하였다. 총독부 수산시험장은 명태가 낮에는 바다의 중층에 떠 있고 밤에는 해저에 가라앉는다는 습성을 알아냈고 명태어구로는 기선저인망이 적당하다는 것을 밝혀냈다.[25] 명태 저인망어선은 보통 30톤 정도로 90마력 내외의 기선에 수조망을 달아 명태어군을 포획하였다. 수조망은 양옆에 날개그물을 달고 중앙부가 자루 모양인 그물로서 어군을 날개로 감싸서 자루에 몰아넣는 구조로 되어 있다. 1920년대에 접어들면서 수조망을 발동기선으로 끌고 그물을 동력으로 감아올리는 기계화된 어업법이 확산되었다.

이러한 자본가적 어업 형태의 기선저인망은 일본인이 독점하였고 범선을 이용한 조선인 명태어업은 큰 타격을 받는다.[26] 기선저인망 어선이 진출하면서 조선인 명태어망이 잘려나가 어디에 갔는지도 알 수 없는 일이 빈발하였고 기선저인망들은 계속되는 풍어로 밀어자가 증가하였다.[27] 이러한 실태는 「자망 명태어업자의 위기, 발동기선 단속이 필요」라는 기사에서 확인할 수 있다.

함경북도 연해의 자망 명태어업자 대표 6명이 동업자 3,000여 명이 연서한 진정서를 가지고 상경하여 2월 27일과 28일 이틀 동안 총독부 식산국장과 수산과장을 방문해 진정서를 전했다. …… 진정서 내용을 한마디로 요약하면 "재래식 어구인 자망으로 명태를 잡는 우리 자망업자는 현대식 수조망 발동선업자의 '위법적 침해' 위협으로 생활이 불가능해졌다. 이에 대한 대책을 강구, 실시하기를 희망한다"는 내용이었다.[28]

1930년 이후 일본인 기선저인망 진출로 조선인 명태어장은 파괴되었고 조선인 명태어민들은 어업 활동을 그만두는 경우가 많았다. 명태어장으로 유명한 신포어업조합에서는 1926년 어민에게 3만 5,000원, 1929년에는 8만 원을 융자해주었으나 1937년까지 원금 4만 4,000원, 이자 2만 3,000원이 남아 있었다. 조합원 대부분은 융자금을 갚을 수 없어 "걱정과 어두운 얼굴을 하고 있는 것이 매우 불쌍하다"고 할 정도였다.[29] 명태어장에 위치한 조선인 어업조합들은 대부분 도산 위기에 있었다.

함남을 조사한 수산기사는 "큰 어촌이면서도 한두 척의 낡은 어선이 있을 뿐이고 다른 어선은 없다"고 개점 폐업의 당시 상황을 보고하였다. 명태어장 대부분은 정어리어장으로 변모하였고 명태는 함남에서만 일본인 소유의 기선저인망으로 어획되었다.

그러므로 일제강점기 명태어장을 경영한 조선인 자본가, 조선 어민을 부각하여 해방 후 '개발 성장'을 주도하는 한국인과 개발정책을 논하는 것은 논리적으로 비약된 해석이다. 일제강점기 총독부의 수산정책은 조선인의 저임금 노동력을 이용한 자본주의적 어업으로 일본 시장으로 값싼 수산물을 공급하는 것이 목적이었다. 어장은 자본과 기술을 가진 일본인 자본가가 독점하였고 명태어장도 일본인 독점 어업이었다. 명태어장에서 기선저인망을 경영한 조선인은 전체의 약 15퍼센트로, 나머지 85퍼센트는 일본인이었다.

만약 현재적 관점에서 한국 정부의 개발정책을 논한다면, 다케우치의 주장과는 달리, 해방 후 한국 정부가 연안 어민들의 생계 지원을 하지 않고 외화 획득 수단으로 대형 어선을 도입하여 원양어장 개발을 서둘렀다는 점은 비판받아 마땅하다. 그러나 일제강점기 명태어업에 진출한 조선인 자본가의 개발 방식이 해방 후 한국 어업에 그대로 적용되기 어렵고 당시에는 어선조차 없는 가난한 어민들이 대다수였기 때문에 일제강점기의 자본주의적 어업 형태를 해방 후 한국 어업의 연장선으로 논할 수 없다고 생각한다.

전래동화 「멸치의 꿈」

동화 「멸치의 꿈」은 동해 바다에 살고 있는 3,000살의 멸치가 동해의 터줏대감 가자미, 메기, 문어, 병어에 망신을 주는 이야기다. 전래동화에서 멸치가 등장하는 것이 매우 이례적이며, 이것이 일제강점기 멸치어업의 고도화를 상징하고 있어 일본인의 횡포와 독선을 꼬집는 시사성 강한 내용이 눈에 띈다.

동해의 주인 가자미는 멸치의 부하로 멸치가 시키면 어떤 궂은 일도 마다하지 않았다. 하루는 멸치의 심부름으로 해몽가를 찾아다니다가 800년이나 된 망둥이를 서해에서 데리고 왔다. 망둥이는 갖은 아양을 다 떨며 '용이 되어 하늘로 올라갈 꿈'이라고 미사여구를 늘어놓았다. 한편, 가자미는 어렵게 서해안에서 망둥이를 데려왔건만 멸치가 정작 자신을 무시하고 푸대접하자 화를 참지 못하여 자신이 해석한 꿈 해몽을 발설하고 말았다.

멸치가 용이 되어 하늘로 승천한다는 것은 원산의 피 서방 '낚싯대에 낚아 채여' 올라가는 것이고 이때 흰 구름이 뭉게뭉게 일어나는 것은 구울 때 '숯이 덜 구워져서 나는 연기'이며, 멸치의 몸이 더웠다 추웠다 하는 것은 '불길이 밑에서 올라와 뜨겁고 부채를 놀릴 적마다 찬바람이 난다'는 것이다. 결론적으로 멸치의 꿈은 '3,000년이나 살다 비명횡사' 하는 꿈이라고 해석하였다. 그러고는 분에 못 이겨 "에엣 이 시럽의 아들놈들 같으니"라고 욕을 해버렸다.

이것을 들은 멸치가 화가 나서 가자미를 때렸고 얻어맞은 가자미는 눈이 한쪽으로 몰려가 붙어버렸다. 문어는 무서워 눈을 엉덩이에 달아버렸고 병어는 입을 움켜쥐고 웃다가 공포를 이기지 못해 입이 조그맣게 되었다. 이처럼 「멸치의 꿈」은 가자미가 멸치에게 꿈 해몽을 직언함으로써 동해의 물고기들이 떼병신이 되었다는 이야기다. 실제 멸치어업이 동해안 어업을 장악하고 권력을 휘두르면서 다른 동해안 어업들은 기를 펴지 못하였다는 은유적 표현인 것이다.

근대의 멸치, 제국의 멸치

권말부록

한일 멸치 음식문화

한국인이 멸치를 좋아하는 이유

한국인이라면 멸치를 모르는 사람이 없을 것이다. 멸치는 머리부터 꼬리, 내장, 비늘까지 버릴 것이 없고 뼈째 먹는다. 볶기도 하고 무치기도 하고 국물을 내는 육수로 이용하고 뼈와 내장까지도 먹는다. 멸치는 "모든 영양소가 함유되어 있는 복합 영양제"이며 "많지 않은 돈으로 건강을 지켜내는 매력 만점인 음식"이다.

일본에서 전파된 멸치 문화가 한국의 음식 문화로 정착된 이유를 생각해보면, 첫째, 가공 방법을 꼽을 수 있다. 명태, 조기, 청어 등 우리나라 전통의 어류는 간단히 말려서 상온에 보관하였다. 멸치도 건조품으로 유통되었기 때문에 각 가정에 냉장 보

불에 굽고 있는 왕따리 멸치

관 시설이 없던 시절에도 판매가 확장되었을 것이다. 이와 함께 멸치는 지방이 많거나 비린내가 없다. 맛없고 버석한 명태가 건조 과정을 거치면서 여러 가지 맛으로 변화하듯이, 멸치는 상온에 보관해도 체형이 단단하고 비린 맛이 없어 한국인들은 좋아하였고 이것을 고추장에 찍어 먹기를 즐겼다.

멸치가 우리가 입맛을 사로잡은 두 번째 이유는 멸치젓갈의 맛을 들 수 있다. 멸치젓갈에는 한국 사람들이 먹고 있는 된장이나 고추장에 들어 있는 아미노산이 많다. 아미노산은 (어패류의 주성분이기도 한) 단백질이 분해될 때 나오는 성분으로 젓갈의 특유한 맛은 여기서 비롯한다.

옛날부터 우리나라 사람들은 젓갈을 즐겨 먹었다. 『삼국사기』

근대의 멸치, 제국의 멸치

에 신라 신문왕이 왕비를 맞는 폐백 품목으로 쌀, 술, 간장, 된장, 육포와 함께 젓갈이 처음 나온다. 중국 송나라 서긍이 쓴 『고려도경』1123에는 "세민細民이 바다에서 나는 식품을 많이 먹는다. 그맛이 짜고 비린내가 나지만 오랫동안 먹으면 먹을 만하다"고 하여 일반 서민들이 먹는 반찬으로 젓갈을 기록하였다. 조선시대에는 관찬 문서를 비롯하여 민간인들이 쓴 일기에서도 젓갈이수없이 나온다. 유희춘의 『미암일기眉巖日記』1560, 오희문의 『쇄미록鎖尾錄』1600을 비롯하여 조선 후기 가정요리책 『시의전서是議全書』1800년대 말엽까지 조기젓, 굴젓, 새우젓, 황새기젓, 곤쟁이젓, 게젓, 청어젓 등 수십 개의 젓갈이 나오며 젓갈 만드는 법도 소개한다. 젓

강원도에서 판매되는 멸치젓갈

한일 멸치 음식문화

갈은 밥과 국과 함께 우리나라 음식의 기본이었다.

그런 젓갈을 19세기 무렵에는 김치에 넣기 시작하였는데 섞박지와 동아섞박지에 조기젓과 준치젓, 반당어젓, 굴젓을 넣었다. 이 젓갈들의 특징은 다른 젓에 비하여 감칠맛을 내는 이노신산이 많이 들어 있고 젓갈의 특유한 맛을 가진 유리아미노산의 함량이 다른 젓갈에 비해 높았다. 그중에서도 멸치젓은 이노신산 함유량이 가장 높았으며 이 성분이 유리아미노산과 어울려 어떤 젓갈보다 뛰어난 감칠맛을 냈다.

간장이나 된장의 맛, 젓갈의 감칠맛에 길들여진 우리나라 사람들은 젓갈이 들지 않은 김치를 김치라 여기지 않는다. 가장 즐겨 먹는 김치는 멸치젓갈이 들어간 김치다. 매년 김장철이 되면 주부들은 먼저 먹을 김치에는 멸치젓, 황석어젓을 쓰고 설을 쇠고 나중에 먹을 김치에는 새우젓을 넣는다. 먹을 시기에 따라 젓갈의 종류가 달라지지만 김치의 젓갈은 단연코 멸치젓갈이다.

1930년대 멸치젓 보급

김치에 젓갈을 넣으면 김치의 숙성을 촉진할 뿐만 아니라 유리아미노산의 조성도 활발히 일어난다. 젓갈이 김치의 맛을 살리고 영양가를 높이는 것이다. 한국에서 김치 젓갈이 일반화된

것도 이러한 젓갈의 기능에
서 비롯한다.

예전에는 젓갈도 그 나름
이었다. 새우젓은 서울 및 경
기도의 부유한 가정에서 사
용하였고 멸치젓은 전라도
지역에서 사용하는 남도의
젓갈로 알려졌다. 그래서 지
방의 젓갈을 서울에 소개하
는 일은 충분히 기삿거리가
되었다. 《중외일보》1929년 11월

멸치젓 서울 진출

멸치젓을 이용한 김치 몇가지

5일는 멸치젓을 넣은 부산식
깍두기와 배추김치를 소개하였고, 《동아일보》1934년 11월 13일는 김
치에 찹쌀 풀과 멸치젓갈을 넣은 전라식 김치 담그는 법을 다음
과 같이 싣고 있다.

여지껏 우리 김치 담그는 것은 조기젓과 새젓뿐이고 간을 마치는
것이 금년에는 전라도에 유명한 메르치젓이 진출되어 가정에서 조
기젓에 비할 것이 아님을 알게 되므로 년년이 메루치젓 수용이 만
허가기는 하지마는 담그는 방법을 아즉도 자세히 보지 못하겠다고

무르시는 분이 많이 계심으로 오늘은 메루치젓 김치 담그는 법을 본식적으로 소개하여드리겠습니다.

요즘은 지역에 구애받지 않고 다양한 젓갈을 이용한다. 빈부의 차이는 물론 지역 간의 김치 문화가 사라지면서 이를 바탕으로 한 색다른 가정식 김치 문화가 형성되고 있다.

한국인은 조기와 명태, 일본인은 도미와 삼치

『한국수산지』에는 조선인들이 좋아하는 물고기로 명태 · 조기 · 대구 · 청어 · 민어 · 고등어를 꼽았다. 이와 동시에 그다지 수요가 많지 않은 물고기로는 멸치, 도미, 삼치, 장어류를 꼽았다. 현해탄을 사이에 두고 한일 양국은 거의 비슷한 어장 환경과 조건을 가지고 있지만 어종에 대한 인식이 서로 확연히 다르다는 점을 지적했다는 것이 흥미롭다. 물론 일본이 한국을 침략하면서 한국인들의 반대 없이 어장을 이용할 수 있다는 점을 강조하기 위해 의도적으로 어종의 선호도를 기술했을지는 모르지만 한국 어업의 실상을 파악했다는 점에서 관심을 가질 필요가 있다.

이 조사에 따르면, 한일 양국은 수산물 선호가 서로 다르고 각기 고유한 어업 문화를 가지고 있었다는 점은 확실하다. 일본인들은 명태나 조기처럼 맛이 담백한 생선은 어묵 재료로 가공하여 먹었다. 제2차 세계대전이 끝나고 식량난 해결을 위해 일본 정부는 오호츠크해산産 명태를 배급했지만 일본인들은 그 배고픈 와중에도 명태를 먹지 않았다고 한다. 냉동된 명태가 녹으면서 생선 속의 수분이 함께 빠져나가 살이 버석버석해졌기 때문이란다.[1]

일본에서는 명태와 조기는 가격이 싸고 보잘것없는 가공용 생선이었다. 이 생선을 일본인들은 비료나 어묵으로 만들어 유통하였기 때문에 시중에서 잘 볼 수 없었다. 20여 년 전 일본 유학 시절, 슈퍼마켓의 어물전에 조기와 명태가 오르는 일은 드물었고 일본인 친구에게 명태와 조기가 한국에서는 흔하고 대중적인 물고기라고 말하면 '왜 그런 생선을 좋아할까'라는 표정을 지으며 고개를 흔들었다. 한국인이 가장 선호하는 생선을 일본에서는 생선으로 취급하지 않을 정도로 인지도가 낮았다. 일본에서 명태 가격은 대략 멸치鰮魚 2~3마리 가격으로 정어리보다 못한 물고기 취급을 받았다. 어장 환경이 비슷한 한국과 일본 사이에도 물고기에 대한 취향과 이용 방법이 너무나도 다르다는 것을 알 수 있다.

한국인과 일본인의 멸치 먹는 법

우리나라에서는 멸치를 날로 먹지 않는다. 조직이 연약하여 상처 나기 쉽고 다수의 미생물 오염으로 부패 속도가 빠르기 때문에 멸치는 횟감이 되지 못한다. 그 대신에 멸치를 막걸리에 재워 세균을 죽이고 갖은 야채를 넣어 고추장에 버무려 먹는다. 일본에서는 갓 잡아 올린 살아 있는 멸치회가 슈퍼 진열대에 놓이고 회전 초밥에서는 멸치초밥을 판다. 한국에서는 생산지에서조차 멸치를 회로 먹기 어렵지만 일본에서는 멸치 철이 되면 어디서든지 멸치 초밥이나 회를 먹을 수 있다.

현재 한국과 일본의 멸치 식용 방법은 크게 구분하면 첫째, 마른 멸치, 둘째, 소금이나 여러 가지 양념에 절이는 젓갈이 있다. 일반적으로 마른 멸치는 끓는 물에 넣어 지방을 빼서 말린 것으로 일본인들에 의해 전파된 제조 방법이다. 다음으로는 멸치를 각종 첨가물에 절이는 방법이 있는데 우리나라에서는 소금과 고춧가루를 이용하고 일본에서는 쌀겨나 설탕이나 간장으로 절인다.

마른 멸치

멸치는 3퍼센트 전후의 식염수를 넣고 끓어오르면 햇볕이나 건조기에 말린다. 생멸치를 한 번 삶아 내는 것은 부착된 세균 등 미생물을 없애고 단백질 중의 물을 분리시켜 건조를 빠르게 하기 위함이다.

한일 양국은 멸치에 대한 기호가 다르고 먹는 방법도 다르다. 한국인들은 주로 3센티미터의 중간 크기 멸치를 고추장에 찍어 먹거나 기름에 볶아 먹는다. 일본인들은 갓 부화한 하얗고 작은 멸치를 양념하지 않고 그대로 뿌려 먹는다. 밥 위에 얹거나 덮밥 형식으로 먹는다. 이 작은 1~2센티미터의 멸치를 '시라스보시' 또는 '지리맨지리맨쟈코'이라고 부른다.

국물을 내는 큰 멸치는 맑은 장국이나 장국의 조미 식품으로 이용한다. 일본에서는 멸치와 함께 가다랑어나 고등어, 다시마 등 여러 종류의 수산물과 함께 넣는데, 최근에는 화학조미료의 사용이 감소하면서 우리나라에서도 다시 멸치와 함께 밴댕이의 인기가 높아졌고 일본산 가다랑어도 이용하게 되었다.

지리맨

멸치와 함께 팔리는 밴댕이

한일 멸치 음식문화

뱅어포

작은 물고기를 평평한 틀에 펼쳐 말린 것이 뱅어포다. 이전에는 백어白魚를 원료로 하였으나 현재는 서해안 당진 부근에서 많이 잡히는 실치를 원료로 만들고 있다.

일본에서는 정어리와 멸치 치어로 뱅어포를 만든다. 양념을 하지 않고 불에 구워 먹는데 칼슘이 많아 뼈째 먹을 수 있는 고급 요리다. 우리나라에서는 뱅어포를 적당한 크기로 잘라 기름을 두른 팬에 구워서 조림하거나 양념장을 발라 석쇠에 넣고 굽는다. 멸치를 먹는 방법과 마찬가지로 일본은 생것으로 먹고 우리나라에서는 기름에 볶아서 먹는 것이 특징이다.

큰 멸치 말린 것

제주도를 비롯한 강원도와 남해안 멸치어장에서는 큰 멸치의 내장과 머리를 떼고 배를 절개하여 햇볕에 말린다. 이것을 '멜'이라고 하는데 멸치와 마찬가지로 기름에 볶거나 물을 넣고 자작하게 조려 먹는다.

일본에서는 신년 정월 음식으로 멸치를 이용한 요리를 한다. 기름을 두르지 않는 프라이팬에 설탕과 간장 등을 넣고 끓이다가 멸치를 넣는다. 이 신년음식은 풍년을 기원하는 의미에서 '다즈구리田作り'라고 한다.

조미 멸치

일본인들이 간식거리나 술안주로 먹는 멸치다. 내장을 꺼내고 평평하게 펴서 간장 · 설탕 · 물엿 · 조미술 등 조미료를 넣고 건조한 제품이다. 비교적 큰 멸치를 재료로 사용하기 때문에 양념의 맛을 침투시키는 조미액을 주사하여 건조하기도 한다.

젓갈과 액젓

김치를 만들 때에는 멸치를 액젓으로 만들어 김치에 넣는다.

액체 육젓은 젓갈과 같이 소금을 넣어 숙성 · 발효시키는 원리로 만들지만 숙성 기간이 젓갈보다 2~4배쯤 길고 분해를 충분히 해야 한다. 액젓으로 만드는 물고기는 멸치, 젓새우, 까나리, 실치, 정어리, 밴댕이다. 일본에서는 멸치를 젓갈로 만들지 않는다. 대신에 쌀겨나 식초를 이용하여 멸치를 절인다.

멸치젓갈을 만드는 과정

젓갈용 멸치

멸치젓갈은 계절과 보존

한일 멸치 음식문화

장소에 따라 소금 양을 가감하였는데 다년간 이 제조업에 종사한 사람도 소금의 양을 잘못 넣어 썩히는 수가 있다. 소금의 비율은 20퍼센트 정도로 하고 충분히 저어 손에 물기를 느끼지 않게 소금과 멸치가 잘 버무려지면 단지 안에 넣는다. 젓갈은 일정한 기간을 둔 다음에 만들었는데 밤에 잡은 것은 다음 날 아침에 만들었다. 젓갈은 8~9월에 담근 것이 가장 좋다고 한다.

쌀겨에 절이는 멸치

일본에서는 멸치를 쌀겨에 넣어 발효시킨다. 쌀겨에 소금과 물을 넣어 발효하는데 이것이 된장처럼 보인다는 뜻에서 '누카미소ぬかみそ'라고 한다. 일본해에 위치한 산인山陰 지역에서는 정어리 누카미소를 많이 만들었는데 이것을 '헤고시へこし'라고 하였다. 선도가 좋은 큰 멸치를 손끝으로 머리와 내장을 꺼내 물로 잘 씻은 다음 생선 중량에 대해 30~35퍼센트의 식염을 뿌리고 7~10일 후에 물을 뺀다. 통에 쌀겨를 놓고 그 위에 쌀겨를 바른 정어리를 놓고 쌀겨 누룩과 고춧가루를 순서대로 뿌려 넣는다. 뚜껑 위에 돌을 놓고 1~2년쯤 실온에서 숙성시킨다.[2]

정어리쌈

여수의 향토음식으로 알려진 정어리쌈, 남해안의 멸치조림은 모두 큰 멸치를 재료로하여 만든 음식이다. 여수의 정어리쌈의 특징은 산이나 들에서 많이 나는 고사리를 넣어 멸치의 비린내와 기름기를 잡아주고 양념을 넣어 상추

남해의 정어리쌈

나 쌈에 싸서 먹는 것이 특징이다. 이 고사리 조림은 멸치가 많이 나는 철에 한시적으로 여수에서 먹던 향토 음식이었으나 현재는 남해안에서 우거지나 무를 넣고 멸치조림을 만든다. 여수에서는 손가락 크기의 큰 멸치를 정어리라고도 한다.

한일 멸치 음식문화

주석

1장

1 憑虛閣李氏, 『閨閤叢書』, 鄭良婉 역(보진재, 1975), 69쪽.

2 憑虛閣李氏, 『閨閤叢書』.

3 徐有榘, 『林園十六志』佃漁志, 摩魚.

4 金鑢, 『藫庭遺藁』, 『牛海異魚譜』, 鯵鰌.

5 박구병, 『한국어업사』(정음사, 1984), 66쪽.

6 정한진, 『왜 그 음식은 먹지 않을까?―세계의 금기음식이야기』(살림출판사, 2008).

7 金鑢, 『藫庭遺藁』, 『牛海異魚譜』, 末子魚.

8 金鑢, 『藫庭遺藁』, 『牛海異魚譜』. "茹稍過數日則內益嵐令人頭 土人謂之蒸鬱言 蒸蒸鬱鬱然頭痛也 土人言此魚乃瘴氣所化 此魚盛捕則必有瘴癘云 土人不甚喫."

9 http://cafe.daum.net/chosunsa/POVo/5791?q=퍼센트3F퍼센트D1퍼센트 A8&re=1.

10 丁若銓, 『玆山魚譜』, 정문기 역(지식산업사, 2004), 65쪽.

11 李圭景, 『五洲衍文長箋散稿』 권10, 鰡辨證說.

12 『均役行覽』, 報備局稟議成冊.

13 박구병, 『챗배어업사』, 《수산업사연구》 7(2000), 25쪽.

14 李晩泳, 『才物譜』, 鱗蟲, 鰍魚.

15 정문기, 『어류박물지』(일지사, 1974), 22~27쪽.

16 金鑢, 『藫庭遺藁』, 『牛海異魚譜』, 序.

17 金鑢, 『藫庭遺藁』, 『牛海異魚譜』, 末子魚.

18 丁若銓, 『玆山魚譜』 卷1, 鱗類, 鯫魚.

19 『조선왕조실록』 세종 19년, 丁巳.

20 정문기, 『한국어도보』(일지사, 1977), 113~116쪽.

21 『조선왕조실록』 세종 25권, 6년 8월 8일 辛巳; 세종 45권, 11년 7월 19일 癸亥.

근대의 멸치, 제국의 멸치

22 『조선왕조실록』 성종 25권, 14년 9월 20일 庚戌.

23 이성임, 「조선중기 유희춘가의 물품구매와 그 성격」, 《한국학연구》 9, 인하대학교 한국학연구소, 1998년; 윤숙자, 『한국의 저장 발효음식』(신광출판사, 1997), 127~130쪽; 이태원, 『『현산어보』를 찾아서』(청어람미디어, 2003), 142쪽.

24 『東國歲時記』. "소어(蘇魚)는 안산(安山) 내양에서 난다. 제어(鮆魚, 웅어)의 속명 위어(葦魚)는 한강 하류 고양(高陽)에서 난다. 생선 장수들은 거리로 돌아다니며 이것을 파느라 소리친다. 그것은 회(膾)의 재료로 이용된다."

25 『조선왕조실록』 인조 8권, 3년 3월 8일 丙辰.

26 『비변사등록』 순조 9년 1월 19일 己巳.

27 『조선왕조실록』 정조 31권, 14년 8월 20일, 庚戌. "近來營門改蔑魚之名, 謂之以蘇魚, 一船之稅, 添徵七八兩. 而此在元稅之外."

28 「鎭南光二面各洞尊位牒呈」. "自丁亥秋 明禮宮開拓而山海稅也蔑魚稅也并爲上納於本宮."

29 박채린, 「문헌고찰을 통한 20세기 전반 김치제조 연구」(숙명여자대학교 석사학위논문, 2006), 6쪽.

30 憑虛閣李氏, 『閨閤叢書』.

2장

1 김문기, 「청어, 대구, 명태: 소빙기와 한류성 어류의 박물학」, 《대구사학》 115 (2014).

2 徐有榘, 『蘭湖漁牧志』, 魚名攷, 明鮐魚.

3 徐有榘, 『蘭湖漁牧志』, 魚名攷, 石首魚.

4 徐有榘, 『蘭湖漁牧志』, 魚名攷, 鰕魚.

5 丁若銓, 『玆山魚譜』 卷1, 鱗類, 靑魚.

6 農商工部水産局, 『韓國水産誌』 1(1908), 240~241쪽.

7 外山健三, 『イワシ讀本』(成山堂書店, 1994), 201~205쪽.

8 박구병, 「챗배어업사」, 《수산업사연구》 7(2000), 22~23쪽.

9 徐有榘, 『蘭湖漁牧志』 漁釣 罟罾 扠網.

10 金鑢, 『藫庭遺藁』, 『牛海異魚譜』, 末子魚.

11 丁若銓, 『玆山魚譜』 卷1, 鱗類, 鯫魚.

12 金鑢, 『潭庭遺藁』, 『牛海異魚譜』, 末子魚.

13 橘隱齊集成刊委員會, 『國譯橘隱齊文集』(1984), 176쪽. "大鬪 喝魚 仍設網 收功都 在善回燈."

14 강남주, 『남해의 민속문화』(둥지, 1992), 232~233쪽.

15 石川義一, 「濟州島及鬱陵島民謠調査に就いて」, 《朝鮮》 1923년 9월, 113~114쪽.

16 최기철, 『민물고기를 찾아서』(한길사, 1991), 200~202쪽.

17 徐有榘, 『蘭湖漁牧志』, 魚名攷, 海魚鯖鰌.

18 최상일, 『우리의 소리를 찾아서』(돌베개, 2002), 253~254쪽.

19 이형상, 『南宦博物』(1702), "海底皆石 且無潮汐之浦 漁場魚網俱無所施俱無所施."

20 최정윤, 「사천만 죽방렴의 역사와 변천」, 《수산업사연구》 4(1997), 58~59쪽.

21 박종오, 「죽방렴 관련 의례에 나타난 어로 관념」, 《남도민속연구》 22(2011), 121~122쪽.

3장

1 須永重光, 『日本農業技術論』(御茶の水書房, 1977), 65~102쪽; 加用信文, 『日本農法論』(御茶の水書房, 1972).

2 荒居英次, 『近世の漁村』(吉川弘文館, 1997), 256~314쪽.

3 石黑正吉, 『くらしの中の魚』(毎日新聞社, 1978), 80~105쪽; 別役實, 『魚づくし』(平凡社, 1991), 100~106쪽. 일본에서는 말린 멸치를 다즈쿠리(田作り), 고마메(ごまめ) 라고 한다. 다즈쿠리는 '멸치를 잘게 부수어 재 또는 분뇨에 섞어 밭에 뿌려두면 벼가 잘 자란다' 또는 '벼를 심을 때 논밭의 신에게 바친다'라는 어비(魚肥)의 의미를 어원으로 삼는다.

4 坂中學校, 『坂町鄕土誌』(坂町役場, 1950), 228쪽.

5 關澤明淸, 『關澤明淸』(外務省通商局 第2課, 1894), 73쪽.

6 吉田敬市, 『朝鮮水産開發史』(朝水會, 1954), 159쪽.

7 김수희, 『근대일본어민의 한국진출과 어업경영』(경인문화사, 2010), 21쪽.

8 坂中學校, 『坂町鄕土誌』, 229쪽.

9 위와 같음.

10 塚本孝, 『竹島領有權問題의 經緯』(國立國會圖書館, 1994).

11 김수희, 「나카이 요자부로와 독도강점」, 《독도연구》 17(2014).

12 《大日本水産會報》176호(1897년 2월), 46쪽.

13 關澤明淸, 『조선근해어업시찰』(外務省通常局, 1894), 2쪽; 關澤明淸・竹中邦香同
편, 『朝鮮通漁事情』(1893), 103쪽.

14 김수희, 「개항기 일본어민의 조선어장 침탈과 러일간의 각축」, 《대구사학》
102(2011).

15 山口和雄, 『明治前網漁技術史』(1959), 436쪽.

16 朝鮮海通漁組合聯合本部, 《朝鮮海通漁組合聯合會報》4(1903년 1월), 197~184쪽.

17 山野守人, 『夜光虫』(黎明會, 1986), 11쪽.

18 山野守人, 『夜光虫』, 40~44쪽. 히로시마현에서는 4년에 한 번씩 열리는 가메노
코야마(龜甲山) 하찌망(八幡) 신사 축제에서 어민들은 거칠고 포악하다는 이유로
참가를 거부당하였고 그 때문에 한바탕 싸움이 일었다.

19 三輪千年, 「廣島縣下・瀨戶內海未解放部落民漁夫의 鮮海出漁」, 《漁業經濟研究》
21-2(1975).

20 慶尙南道, 『慶尙南道における移住漁村』(1921), 16~20쪽.

21 韓國情神文化研究院, 『古文書集成 35: 巨濟舊助羅編』(1998).

22 송양섭, 「19세기 거제도 구조라 촌락민의 직역변동과 가계 계승 양상」, 《한국문
화》67(2014), 126~128쪽. 조선 후기 구조라 인구는 1863년 247명(남 141명, 여 106
명), 1884년 211명(남 127명, 여 84명), 1893년 125명(남 83명, 여 42명)으로 1884년 이
후 호구(戶口) 파악 방식의 변화로 전체적으로 호구와 인구수가 급격히 변화하고
있었다.

23 魚島村, 『魚島村誌』(魚島村, 1993), 113쪽.

24 魚島村, 『魚島村誌』, 112쪽.

25 위와 같음.

26 위와 같음.

27 위와 같음.

28 朝鮮海通漁組合聯合會本部, 《朝鮮海通漁組合聯合會報》4, 231쪽.

29 慶尙南道, 『慶尙南道に於ける移住漁村』(1921), 49~50쪽.

30 위와 같음.

31 권현망을 '오개도리' 또는 '멸치망'이라고 한다. 일본어의 오케도리(桶取) 또는 오
키도리(沖取)라는 말이 우리말로 와전된 것이 오개도리이다. 오케도리(桶取)와

오개도리(冲取)는 어구인 뜸의 일종으로 통[桶]을 띄워 놓고 잡는다는 뜻과 육지에서 조금 떨어진 어장[冲]에서 잡는다는 뜻에서 온 것으로 고증되는데 바다 위에서 잡는다는 권현망의 조업방식을 표현한 것이다.[기선권현망수산업협동조합, 『멸치權現網水協發展史』(1990), 241쪽]

32 구조라에서 제조된 멸치는 멸치위탁판매조합인 '부산해산상조합'이나 '통영해산주식회사'를 통하여 판매되었다. 조선산 멸치가 가장 많이 팔리는 곳은 규슈와 산인(山陰) 지역으로 이곳의 일본인 상인들은 매년 8~11월까지 부산에 체류하면서 멸치를 구매하였다. 한국의 멸치 생산량은 일본의 멸치 가격을 좌우하였고 그 생산량도 일본과 비교할 수 없을 정도로 많았다.

33 어로장(漁撈長)의 별칭으로 망을 보는 사람이라는 뜻이다.

34 다케쿠니 도모야스, 『한일 피시로드』, 오근영 옮김(따비, 2014), 305~306쪽.

4장

1 제3조; (전략) 조선의 평안·황해도와 더불어 산뚱(山東)·펑티엔(奉天) 등 성(省) 빈해(濱海) 지방에서 양국 어선이 포어하는 것과 연안에서 식물(食物) 및 첨수(甜水)를 구매하는 것을 허가한다. 사사로이 화물을 무역하지는 못한다. 위반한 자는 선박과 화물을 관에서 몰수하고 그 소재 지방에서 법범(犯法) 등을 하는 일이 있으면 그 근처 상무위원(商務委員)에 넘겨 제2조에 의거하여 정판한다. 피차의 어선에서 징수할 어세에 이르러서는 준행한 지 2년을 기다린 후에 다시 회의하여 작정한다.(박구병, 『한국어업사』, 정음사, 1984, 207~214쪽)

2 박구병, 『한국어업사』(정음사, 1984), 214~215쪽.

3 《大日本水產會報》 209호(1899년 9월).

4 「日案」 12 戊子 11月 17日. "不意今年 日人諫山率七八隻漁船 廣設揮罹網於民等 設箭張網處 魚路要衝之海面一尾魚不入箭網 皆收歸日人揮罹網 百餘漁基 一至 廢革 則數千民生 幷失産業 累萬經費 自歸損害 不勝憤寃."

5 「日案」 12 戊子 11月 17日, 『일본외교문서』 21, 365쪽, 문서번호123[박구병, 「개항 이후의 부산의 수산업」, 《향토부산》 6(1967), 366쪽].

6 위와 같음.

7 關澤明淸·竹中邦香, 『朝鮮通漁事情』(東京團々社書店, 1893), 6쪽.

8 위와 같음.

9　葛生修亮, 『韓海通漁指針』(黑龍會, 1903), 1쪽.

10　葛生修亮, 『韓海通漁指針』, 446~451쪽.

11　최덕규, 『제정러시아의 한반도정책, 1891~1907』(경인문화사, 2000) 76쪽.

12　최문형, 『러시아의 남하와 일본의 한국침략』(지식산업사, 2007); 현광호, 『대한제국과 러시아 그리고 일본』(선인, 2007).

13　森山茂德, 『近代日韓關係研究』(東京大學出版會, 1987), 62~80쪽.

14　류교열, 「제국일본의 송진포 해군기지 건설」, 《일어일문학》 62(2014).

15　農商務省水産局, 『軍用水産物供給順序心得』1904년 10월, 1~2쪽.

16　《조선해수산조합월보》 21호, 11쪽.

17　《大日本水産會報》 312호, 1908년 9월.

18　下啓助·山脅宗次, 『韓國水産業調査報告』(農商務省水産局, 1905), 1쪽.

19　위와 같음.

20　박민정, 「어업근대화에 따른 지역성 변화」(경북대학교 지리학박사학위논문, 2004).

21　곽영보, 『거문도풍운사』, (삼화문화사, 1986), 54쪽.

22　中村均, 「韓國·巨文島を拓いた日本人」, 《國際關係紀要》 1-1호(1991. 11).

23　김수희, 「개척령기 울릉도와 독도로 건너간 거문도 사람들」, 《한일관계사연구》 38(2011).

24　삼산면지발간추진위원회, 『삼산면지』(2000), 26쪽.

25　삼산면지발간추진위원회, 『삼산면지』, 386쪽.

26　삼산면지발간추진위원회, 『삼산면지』 참조.

27　高林直樹, 「朝鮮における千葉縣」, 『千葉縣の歷史』 30(1985), 23쪽.

28　千葉縣水産組合聯合會, 『韓海視察員報告書』(1904).

29　『日本外交文書』 37卷-1, 文書番號493, 1904년 10월 15일, 杉村通商局長より石原千葉縣知事宛, 421쪽; 『日本外交文書』 37卷-1, 文書番號495, 10월 25일, 小村外務大臣より在馬山三浦領事宛, 421쪽.

30　『日本外交文書』 37卷-1, 文書番號493, 1904년 10월 25일, 栗九味へ千葉縣漁民移住ニ關スル件, 小村外務大臣ヨリ在馬山三浦領事宛. 422쪽.

31　『日本外交文書』 37卷-1 文書番號497, 1904년 11월 6일, 石原千葉知事より杉村通商局長宛, 422쪽.

32　拓殖局, 『殖民地ニ於ケル內地人ノ漁業及移民』(1911), 14쪽.

33 高知縣內務部, 『高知縣朝鮮海漁業視察報告書』(1911), 57~58쪽.

34 《朝鮮水産組合月報》 39호(1912년 10월); 《朝鮮水産組合月報》 40호(1912년 11월).

35 高林直樹, 「朝鮮における千葉縣」, 『千葉縣の歷史』 30, 28쪽.

36 박구병, 『한반도연해포경사』(민족문화, 1995).

37 위와 같음.

38 牧朴眞, 『遠洋漁業獎勵事業報告』(農商務省水産局, 1903), 1쪽.

39 新川傳助, 『日本漁業における資本主義の發達』(東洋經濟新報社, 1958), 65~66쪽.

5장

1 大場俊雄, 『房總の潛水器漁業史』(崙書房, 1993), 8~9쪽.

2 池邊龍一·坂西由藏, 『長崎港海産物貿易調査報告書』(東京高等商業學校, 1902), 42쪽.

3 關澤明淸, 『朝鮮近海漁業視察關澤明淸氏報告』, 外務省通商局 弟2課(1894), 28쪽. 제주도 70대, 남해안 30대, 러시아의 잠수기어업 통제로 귀국한 잠수기 27대 총 127대다.

4 朝鮮海通漁組合連合會, 《明治33年自6月至10月業務報告》 1호(1900), 51쪽.

5 『續陰晴史』, 光武 3년 8월 29일.

6 박구병, 「한·일근대어업관계연구」, 《부산수산대학연구보고》 7권 1호(1967), 25쪽.

7 위와 같음.

8 赤塚正助, 「鬱陵島調査槪況」(1900).

9 「全羅·慶尙 兩島의 南海諸島漁獵狀況報告 件」[국사편찬위원회, 『韓日漁業關係』(2002), 25쪽].

10 국사편찬위원회, 『韓日漁業關係』(2002), 28쪽.

11 국사편찬위원회, 『韓日漁業關係』(2002), 25쪽.

12 《조선해수산조합》 12호(1909년 9월 25일), 18~19쪽.

13 안정윤, 「19세기 서해안 지역의 鰕醢생산이 식생활에 미친 영향」(중앙대학교석사학위논문, 2002). 『韓國水産誌』는 조선총독부 농상공부 수산국에서 우리나라 전국의 연안과 도서 및 하천에 대한 실상을 조사하여 1908~1911년에 간행하였다. 1907년부터 조선 전역의 수산 실태를 14개 구로 나누어 조사하였는데 조사원들

은 실제로 현지에서 문헌조사와 동시에 원주민을 만나 정보를 획득하는 조사방식을 취하였다. 조사대상인 주민들은 당시 어로기술에 숙련된 사람으로 최소 30세 이상의 어부들이라고 생각된다. 따라서 『韓國水産誌』의 기록은 1800년대 후반의 한국어업의 실정을 기록한 것으로 보인다.

14 農商工部水産局, 『韓國水産誌』 1(1908), 414쪽.

15 오세창, 「1898년 제주 房星七亂攷」, 《한국민족운동사연구》 21(한국민족운동사연구회, 1999).

16 『續陰晴史』, 光武 2年 3月 10日.

17 『濟州牧旌義郡守報告書抄』, 壬寅(1902) 5월 27일.

18 박찬식, 「이재수·오대현·강우백 1901년 재주민란을 이끈 세 장두」, 《내일을 여는 역사》 21(2005).

19 이재수(1877~1901)는 제주도 대정군에 태어났다. 집안은 어려웠고 대정군 관아의 통인 또는 관노로서 군수 채구석을 수행하고 있었다.

20 박찬식, 「개항이후(1876~1910) 일본어업의 제주도 진출」, 《역사와 경계》 68(2008); 박찬식 《내일을 여는 역사》 21(2005).

21 趙武彬, 『李在守實記』(中島文華堂, 1932).

22 荒居英次, 『近世の漁村』(吉川弘文館, 1997).

23 「江原道漁業調査」, 《朝鮮海水産組合月報》 12호(1909년 6월), 2쪽.

24 「江原道漁業調査」, 《朝鮮海水産組合月報》 14호(1910년 1월), 1~4쪽.

25 「江原道漁業調査」, 《朝鮮海水産組合月報》 14호(1910년 1월), 1~4쪽.

26 農商工部水産局, 『韓國水産誌』 3, 244쪽.

27 葛生修亮, 『韓海通漁指針』(黑龍會, 1903), 434쪽.

28 朝鮮協會, 「竹邊洞日本人15名虐殺事件」, 《朝鮮協會會報》 7호(1903)[동양학연구소, 『개화기일본민간인의 조선조사보고자료집』 3, 33~44쪽].

29 「江原道沿岸 暴徒狀況 報告 件」, 『領事館報告』 1896년 5월 30일자[한철호, 「일본의 동해 침투와 죽변지역 일본인 살해사건」, 《동국사학》 54(2013)].

30 「朝鮮國江原道沿海鰮漁ノ情況」, 《通商彙纂》, 元山領事館報告, 1895年 7月 19日.

31 「江原道漁業調査」, 《朝鮮海水産組合月報》 15호(1910년 3월), 10쪽.

32 吉田敬市, 『朝鮮水産開發史』(朝水會, 1954), 186~187쪽.

33 「江原道漁業調査」, 《朝鮮海水産組合月報》 14호(1910년 2월), 10쪽.

34 위와 같음.

35 나이토우세이쥬우 저, 권오엽 · 권정 역, 『독도와 죽도』(제이엔씨, 2005), 244~283쪽.

6장

1 吉田敬市, 『韓國水産開發史』(朝水會, 1954), 350쪽.

2 「성진근해에 소청어가 산적」, 《동아일보》(1923년 10월 31일).

3 吉田敬市, 『韓國水産開發史』, 352쪽.

4 정문기, 「25년 만에 출현한 정어리」, 《사상계》(1964년 7월호).

5 朝鮮水産會, 《朝鮮之水産》11호(1925), 48쪽; 《朝鮮之水産》12호(1925), 33쪽.

6 조선총독부, 『魚油に関する調査書』(1929), 10쪽.

7 박구병, 「한국정어리어업사」, 『부산수산대학 논문집』21(1978).

8 《朝鮮殖産銀行月報》65호(1943년 10월).

9 《朝鮮殖産銀行月報》66호(1943년 11월).

10 日本油脂株式會社, 『日本油脂30年史』(1967), 64쪽.

11 日本油脂株式會社, 『日本油脂30年史』, 95쪽.

12 朝鮮殖産造成財團, 『朝鮮の鰮』(1936), 22쪽.

13 朝鮮鰯油肥製造業水産組合聯合會, 『朝鮮鰯油肥統制史』(1942), 8쪽.

14 松村殖産局長, 「鰯油肥製造業對策協議會經過」, 《朝鮮之水産》83호(1931년 2월 10일), 7쪽.

15 朝鮮鰯油肥製造業水産組合聯合會, 『朝鮮鰯油肥統制史』, 10쪽.

16 朝鮮鰯油肥製造業水産組合聯合會, 『朝鮮鰯油肥統制史』, 8~9쪽.

17 위와 같음.

18 《水産公論》23권, 1호(1935년 1월), 58쪽.

19 川政男, 「野口さんと油脂工業」, 『日本窒素史への證言』9(1980), 38쪽.

20 大島幸吉, 『朝鮮の鰮漁業と其加工業』(水産社, 1937), 101쪽.

21 大島幸吉, 『朝鮮の鰮漁業と其加工業』, 100쪽.

22 日本油脂株式會社, 『日本油脂30年史』, 367~368쪽.

23 다케구니 도모야스 · 오근영 옮김, 『한일 피시로드』(따비, 2014), 253~286쪽.

24 「北海道の明太魚の現象を觀ての私見」, 《朝鮮之水産》47호(1928년 2월), 21쪽.

25 「明太漁業試驗成績」, 《朝鮮之水産》29호(1926년 8월), 12쪽.

26 朝鮮第2區機船底曳網漁業水産組合, 『朝鮮第2區機船底曳網漁業水産組合10年 史』(1940), 8쪽.

27 秋山實, 「朝鮮漁業界の近勢」, 『朝鮮』183호(1930년 8월), 38쪽.

28 《동아일보》, 「자망 명태어업자의 위기, 발동기선 단속이 필요」(1930년 3월 3일).

29 組合行脚, 「新浦の漁業組合卷」, 《朝鮮の水産》140호(1937년 1월), 56쪽.

권말부록

1 石黑正吉, 『くらしの中の魚』(每日新聞社, 1978), 211쪽.

2 外山健三, 『イワシ讀本』(成山堂書店, 1994), 107쪽.

그림 및 사진 출처

50쪽: 農商工部水産局, 『韓國水産誌』1(1908), 第20圖.

57쪽: 農商工部水産局, 『韓國水産誌』1, 第13圖.

62쪽: 조선총독부농상공부, 『韓國水産誌』3(1908), 17쪽.

81쪽: 山野守人, 『夜光虫』(黎明會, 1986) 수록.

90쪽: 한국정신문화연구원, 『고문서집성 35: 거제 구조라편』(1998) 수록.

93쪽: 朝鮮總督府水産製品檢査所, 『朝鮮の煮干鰮』(1941) 수록.

94쪽: 朝鮮總督府水産製品檢査所, 『朝鮮の煮干鰮』, 62쪽.

124쪽: (왼쪽) 中村均, 「韓國·巨文島を拓いた日本人」, 『國際關係紀要』 1-1호(1991. 11).
(오른쪽) 곽영보, 『거문도풍운사』, 55쪽.

126쪽: 수산업협동조합중앙회, 『한국의 어구어업』, 83~84쪽.

134쪽: (아래) 吉田敬市, 『朝鮮水産開發史』(朝水會, 1954), 268쪽.

174쪽: 《동아일보》 1931년 5월 1일.

177쪽: (위부터) 《동아일보》 1931년 4월 28일, 1931년 4월 26일, 1931년 4월 25일.

178쪽: 《동아일보》 1931년 5월 8일.

180쪽: 大島幸吉, 『朝鮮鰮漁業其加工業』(水産社, 1937), 15쪽.

181쪽: 大島幸吉, 『朝鮮鰮漁業其加工業』, 29쪽.

182쪽: 大島幸吉, 『朝鮮鰮漁業其加工業』, 40쪽.

183쪽: 松下七郎, 『魚油とマイワシ』(恒星社厚生閣, 1991), 31쪽.

207쪽: (위부터) 《동아일보》 1934년 11월 13일, 《중외일보》 1929년 11월 5일.

참고문헌

자료

1차 문헌

『各浦魚基魚網稅及魚藿口文冊』(규장각도서 20674) 光武5年 辛丑3月.

『古文書集成35: 巨濟舊助羅編』.

『國譯橘隱齊文集』(橘隱齊集成刊委員會, 1984).

『閨閤叢書』(憑虛閣李氏).

『均役行覽』(報備局稟議成冊).

『南槎錄』(金尙憲).

『蘭湖漁牧志』(徐有榘).

『物名考』(柳僖).

『世宗實錄地理志』.

『續陰晴史』.

『新增東國輿地勝覽』.

『五洲衍文長箋散稿』(李圭景).

『牛海異魚譜』(金鑢).

『玆山魚譜』(丁若銓).

『才物譜』(李晩泳).

『濟州邑誌』.

『濟州風土記』(李建).

『朝鮮王朝實錄』.

『鎭南光二面各洞尊位牒呈』.

수산 자료

葛生修亮, 『韓海通漁指針』, 黑龍會出版社, 1903.

慶尙南道, 『慶尙南道における移住漁村』, 1921.

高知縣內務部, 『高知縣朝鮮海漁業視察報告書』, 1911.

關澤明淸, 『關澤明淸』外務省通商局 第2課, 1894.

大島幸吉, 『朝鮮の鰮漁業と其加工業』, 水産社, 1937.

《大日本水産會報》.

牧朴眞, 『遠洋漁業獎勵事業報告』, 農商務省水産局, 1903.

岩倉守南, 『朝鮮水産業の現況と將來』, 民衆時論社出版, 1932.

赤塚正助, 『鬱陵島調査槪況』, 1900.

《朝鮮水産組合月報》.

《朝鮮殖産銀行月報》.

朝鮮殖産造成財團, 『朝鮮の鰮』, 1936.

朝鮮鰯油肥製造業水産組合聯合會, 『朝鮮鰯油肥統制史』, 1942.

朝鮮第2區機船底曳網漁業水産組合, 『朝鮮第2區機船底曳網漁業水産組合10年史』, 1940.

《朝鮮之水産》.

朝鮮總督府, 『魚油に関する調査書』, 1929.

朝鮮總督府水産製品檢査所, 『朝鮮の煮乾鰮』, 1941.

朝鮮海通漁組合本部, 《朝鮮海通漁組合聯合會報》 1~4호, 1900~1903.

《朝鮮協會會報》.

千葉縣水産組合聯合會, 『韓海視察員報告書』, 1904.

拓殖局, 『殖民地二於ケル內地人ノ漁業及移民』, 1911.

韓國政府財務調査顧問本部調査, 「韓國水産行政及經濟」, 《財務週報》 25호, 1904.

단행본 및 논문

강만생, 「한말 일본의 제주어업 침탈과 도민의 대응」, 《제주도연구》 3, 1986.

강영심, 「구한말 러시아의 삼림이권 획득과 삼림회사의 벌채 실태」, 《이화사학연구》 17·18합집.

곽영보, 『거문도풍운사』, 삼화문화사, 1897.

국사편찬위원회, 『韓日漁業關係』, 2002.

김경남, 「한말 일제의 진해만요새 건설과 식민도시 개발의 변용」, 《향도부산》 28, 2012.

김문기, 「청어, 대구, 명태: 소빙기와 한류성어류의 박물학」, 《대구사학》 115, 2014.

김수희, 『근대일본의 한국 진출과 어업 경영』, 경인문화사, 2010.

김용구, 「마산포 자복동·월영동 및 율구미의 토지사건」, 《법사학연구》 9, 한국법사학회, 1981.

나이토우세이쥬우 저, 권오엽·권정 역, 『독도와 죽도』, 제이엔씨, 2005.

다케구니 도모야스 지음, 오근영 옮김, 『한일 피시로드』, 따비, 2014.

류교열, 「제국일본의 송진포 해군기지 건설」, 『일어일문학』 62, 2014.

문화재관리국 문화재연구소, 『한국민속종합조사보고서』, 1992.

박광순, 「일본의 한국어장 침탈과 어민의 대응」, 《경제사학》 18, 경제사학회, 1994.

박구병, 「개항이후의 부산의 수산업」, 《향토부산》 6, 1967.

_____, 「챗배어업사」, 『수산업사연구』 7, 2000.

_____, 「한·일 근대어업관계연구」, 『부산수산대학연구보고』 7권 1호, 1967.

_____, 「한국정어리어업사」, 『부산수산대학 논문집』 21, 1978.

_____, 「한반도 연근해 수산자원상태에 대한 사적연구」, 《경제사학》 5, 경제사학회, 1981.

_____, 『한국어업사』, 정음사, 1984.

_____, 『한반도연해포경사』, 민족문화, 1995.

박찬식 「이재수·오대현·강우백 1901년 제주민란을 이끈 세 장두」, 《내일을 여는 역사》 21, 2005.

_____, 「개항이후(1876~1910) 일본어업의 제주도 진출」, 《역사와 경계》 68, 2008.

박채린, 「문헌고찰을 통한 20세기 전반 김치제조 연구」, 숙명여자대학교 석사학위논문, 2006.

송양섭, 「19세기 거제도 구조라 촌락민의 직역변동과 가계 계승 양상」, 《한국문화》67, 2014.

수산사편찬위원회, 『한국수산사』, 수산청, 1968.

오세창, 「1898년 제주 房星七亂玫」, 《한국민족운동사연구》 21, 1999.

유재명, 『물고기 백과』, 행림출판사, 1996.

윤숙자, 『한국의 저장 발효음식』, 신광출판사, 1997.

이영학, 「조선 후기 어업에 대한 연구」, 《역사와 현실》 35, 2000.

이원순, 「한말제주도통어문제일고」, 《역사교육》, 역사교육연구소, 1976.

이태원, 『『현산어보』를 찾아서』, 청어람미디어, 2003.

정문기, 『어류박물지』, 일지사, 1992.

_____, 『한국어도보』, 일지사, 1977.

정한진, 『왜 그 음식은 먹지 않을까?—세계의 금기음식이야기』, 살림출판사, 2008.

趙武彬, 『李在守實記』, 中島文華堂, 1932.

주강현, 『조기에 관한 명상』, 한겨레신문사, 1998.

차성식, 「전남 연안해역 멸치의 연령과 초기성장」, 《한국수산과학회지》 23(5), 1990.

최기철, 『민물고기를 찾아서』, 한길사, 1991.

최문형, 『러시아의 남하와 일본의 한국침략』, 지식산업사, 2007.

최상일, 『우리의 소리를 찾아서』, 돌베게, 2002.

최성길 편저, 『일제강점기 한 어촌의 문화변용』, 아세아문화사, 1992.

최인학 · 엄용희 편저, 『옛날이야기 꾸러미』, 집문당, 2003.

통조림제조수산업협동조합, 『정어리의 원료 처리 및 가공』, 1987.

한우근, 「개항후 일본어민의 침투」, 《동양학》 1, 단국대학교 동양학연구소, 1971.

한철호, 「일본의 동해 침투와 죽변지역 일본인 살해사건」, 《동국사학》 54, 2013.

현광호, 『대한제국과 러시아 그리고 일본』, 선인, 2007.

加用信文, 『日本農法論』, 御茶の水書房, 1972.

岡本信南, 『近代漁業發達史』, 水産社, 1965.

高林直樹, 「朝鮮における千葉縣」, 『千葉縣の歷史』 30, 1985.

吉田敬市, 『朝鮮水産開發史』, 朝水會, 1954.

大柿町教育委員會, 『大柿町史』, 1954.

大場俊雄, 『房總の潜水器漁業史』, 崙書房, 1993.

別役實, 『魚づくし』, 平凡社, 1991.

山口和雄, 『明治前網漁技術史』, 1959.

三輪千年, 「廣島縣下 · 瀨戶內海未解放部落民漁夫의 鮮海出漁」, 《漁業經濟研究》 21-
    2, 1975.

근대의 멸치, 제국의 멸치

森山茂德, 『近代日韓關係研究』, 東京大學出版會, 1987.

石黑正吉, 『くらしの中の魚』, 毎日新聞社, 1978.

松下七郎, 『魚油とマイワシ』, 恒星社厚生閣, 1991.

水口憲哉, 『魚をまるごと食べたい』, 七つ森書館, 1995.

須永重光, 『日本農業技術論』, 御茶の水書房, 1977.

新川傳助, 『日本漁業における資本主義の發達』, 東洋經濟新報社, 1958.

魚島村, 『魚島村誌資料編』, 1993.

外山健三, 『イワシ讀本』, 成山堂書店, 1994.

二野瓶德夫, 『明治漁業開拓史』, 平凡社, 1981.

奈良本辰也, 『未解放部落の歴史と社會』, 日本評論社, 1971.

日本油脂株式會社, 『日本油脂30年史』, 1967.

中村均, 「韓國·巨文島を拓いた日本人」, 《國際關係紀要》 1-1, 1991.

池邊龍一·坂西由藏, 『長崎港海産物貿易調査報告書』, 東京高等商業學校, 1902.

塚本孝, 『竹島領有權問題의 經緯』, 國立國會圖書館, 1994.

坂中學校, 『坂町鄕土誌』, 坂町役場, 1950.

片山房吉, 『大日本水産史』, 有明書房, 1983.

荒居英次, 『近世の漁村』, 吉川弘文館, 1997.

찾아보기

어명, 어구 및 어업 명칭

ㄱ

건착망 91, 165, 175, 178~180, 185, 191
공동어업 83, 165~167
권현망 79, 91~93, 95, 219~220
기선저인망 197~200
까나리 5, 30, 171, 213

ㄷ

단취 30
당망 51
대부망 124~126
대취 30
돌살어업 43, 61
들그물 49

ㅁ

말자어 20~21, 24, 28~29
망어 18, 150
망쟁이 59~60, 92, 95
머구리어업 142~143, 145~149
멸아 21, 24~25, 29
멸치망 23, 25, 43, 79, 83, 87, 157, 219

멸치젓 6, 24, 204~207, 213
명태 19, 23, 43~46, 157, 175~178, 195~200, 203~204, 208~209

ㅂ

반당어(젓) 15, 32~39, 206
반대(拌袋) 49~51
반두 51~52
반지 15~16, 31~34, 46
방진망 150~153
백어 46, 212
밴댕이 5, 30, 32~34, 171, 211, 213
뱅어(포) 28, 38, 49, 212

ㅅ

사둘 51~52
삼치 17~18, 28, 47, 69, 129, 167, 208
삼태기 21, 49~50, 52, 160~161
상어지느러미 69, 143
소망(小網) 49
소청어 172~173
수조망 198~199
실치 5, 63, 212~213

ㅇ

유자망 175~179, 191
잉어(잡이) 28, 38, 55~56

ㅈ

자망 177~178, 198~199
정어리 5, 7, 21~22, 29~30, 70~71, 78,
    171~185, 187~198, 209, 212, 214
정치망 6, 109~111, 175
조기(젓) 32, 38~39, 43~46, 63, 157,
    203, 205~209
족대 51, 92~93
죽방렴 62~65
지예망 57

ㅊ

차망 49
챗배어업 43, 49~55
청멸 5, 30, 171
청어 28, 31~33, 38, 44~46, 71, 85, 157,
    161~162, 173, 185, 203, 208

ㅋ

큰 멸치 211~215

ㅎ

해녀어업 142~144, 152
행어 23, 25~26
후릿그물(어업) 24, 43, 56~58, 60, 71,
    79, 107~109, 151~153, 158~160, 162,
    165, 167
희리그물 57

인명, 지명, 서명

ㄱ

거문도 25, 43, 52, 104, 120, 123~130,
    148
구조라 70, 80, 85~98, 118
구즈우 슈스케 112~113
『규합총서』 16~17, 32, 37~39
기무라 쥬타로 124~126
김려 20~21, 26
김류 52
김윤식 145~146, 154

ㄴ

나카베 이쿠지로 153

ㄷ

다카바야시 나오키 131
다케구니 도도야스 98
대마도 73~74, 85~86, 119
동호리 58~60

ㅁ

마스다 만기치 142
마쓰무라 188
마키 나오마사 76, 106, 117

233

『물명고』 24
미노루 마다시치 73
미와 치토시 82~83
미우라 야고로 131

ㅂ
박구병 8
방성칠 154~155
빙허각 이씨 16~17, 38

ㅅ
사카촌 73~74
『세종실록지리지』 25
세키자와 아키기요 112
송진포 119~120

ㅇ
아라카와 도메쥬로 155~156
아유가이 후노사신 25
야마구치현 73, 97, 105, 124, 126, 145,
    149
야마노 모리히토 81
에히메현 70, 80, 107, 162
『여지도서』 25
요시다 게이찌 73
요시무라 요자부로 145, 149
우오시마 85, 87~88, 94
『우해이어보』 20, 26~29, 49
율구미 118, 131~133, 135
이리사 세이세이 120

이시카와 요시카즈 53, 55
이재수 155~156

ㅈ
『자산어보』 18, 22, 24, 26, 32, 51
『재물보』 23~24
정약전 18, 22, 26, 29~30, 51~52
제주도 22, 25~26, 43, 53, 55, 141,
    143~147, 150, 154~156, 160~161, 212
『조선수산개발사』 73
『증보산림경제』 16, 32
지바현 97, 130~135, 162
진해(만) 18, 20~22, 24~25, 27, 29,
    37, 49, 52, 69~70, 78~85, 97~98,
    116~117, 119~121, 135, 157

ㅊ
청진 174, 180~185, 193
추자도 24, 43, 52~54

ㅋ
카메이 다사부로 154

ㅎ
하마오카 슈스케 73
『한국수산지』 24, 46, 51, 152, 158, 208
후루야 리쇼 146~147
흑산도 22, 29, 43, 51~52
히로시마현 71, 73~74, 79~85

근대의 멸치, 제국의 멸치

기타 용어

ㄱ

각기병 135
경화유(공업) 177, 184~187, 191~195

ㄷ

다와라모노 143
대중국 수출품 143

ㅂ

부락민 80~84
부산해산상조합 95

ㅅ

섞박지 38, 206
술비 노래 127~128

ㅇ

어비 70~72, 153, 161~163, 171, 180~185,
  191
어유 181~195
「염료의약품제조장려법」 186
우지 186
의병 141, 163~164
이주어촌 98~99
일본 글리세린 공업주식회사 186

ㅈ

「잠수기계채복통제규칙」 143

장려병 21~23
정어리건착망어업조합 174
정어리유비제조수산조합 189
제1차 세계대전 186
「조선 어업근거지 이주 규칙」 133
조선공업화 7, 192
조선우선주식회사 191
조선유비수산조합 193
「조선일본양국통어장정」 75~76, 110
조선질소비료주식회사 193
조선해수산조합 120, 132
「조청무역장정」 104~105
지바현 수산조합연합회 131~134

ㅊ

「처판일본인민재약정조선국해안어채범
  죄조규」 106, 110, 149
「천민해방령」 82

ㅌ

통어 104~106, 116, 122

ㅎ

「한국어업법」 111, 152
형제의 의 89
흑룡회 112

김수희는 제주대학교 인문대학 사학과를 졸업하고 일본 도쿄학예대학(東京學藝大學) 및 도쿄경제대학(東京經濟大學)에서 역사 및 경제사 전공으로 석·박사학위를 받았다. 성균관대학교 연구교수를 역임하였고 현재 영남대학교 독도연구소 연구교수로 있다. 현장이 중시되는 한·일 양국의 어업사를 연구한다. 주요 저서로는 「근대 일본어민의 한국진출과 어업경영」(2010), 「植民地朝鮮と愛媛の人びと」(2011, 공저), 「독도 영유권 확립을 위한 연구 IV~VI」(2012~2014, 공저), 「울진 대풍헌과 조선시대 울릉도·독도의 수토사」(2015, 공저) 등이 있고, 주요 역서로는 「독도=죽도 '고유영토론'의 역사적 검토(상, 하)」(2014, 공역) 등이 있다.

대우휴먼사이언스 003

근대의 멸치, 제국의 멸치
멸치를 통해 본 조선의 어업 문화와 어장 약탈사

1판 1쇄 찍음 | 2015년 11월 30일
1판 1쇄 펴냄 | 2015년 12월 7일

지은이 | 김수희
펴낸이 | 김정호
펴낸곳 | 아카넷

출판등록 | 2000년 1월 24일(제406-2000-000012호)
주소 | 413-210 경기도 파주시 회동길 445-3
전화 | 031-955-9511(편집)·031-955-9514(주문)   팩시밀리 | 031-955-9519
www.acanet.co.kr

ⓒ 김수희, 2015

Printed in Seoul, Korea.

ISBN 978-89-5733-471-3 94910
ISBN 978-89-5733-452-2 (세트)

이 도서의 국립중앙도서관 출판예정도서목록(CIP)은 서지정보유통지원시스템 홈페이지(http://seoji.nl.go.kr)와 국가자료공동목록시스템(http://www.nl.go.kr/kolisnet)에서 이용하실 수 있습니다.(CIP제어번호: CIP2015032523)

이 제작물은 아모레퍼시픽의 아리따글꼴을 사용하여 디자인 되었습니다.